RITUAL DE BÊNÇÃOS
POR MINISTROS LEIGOS

Coleção **Rituais**

- *A sagrada comunhão e o culto do mistério eucarístico fora da missa.* Sagrada Congregação para o Culto Divino
- *Cerimonial dos bispos: cerimonial da Igreja,* CNBB.
- *Ritual de bênçãos.* Sagrada Congregação para o Culto Divino
- *Ritual de bênçãos por ministros leigos.* Sagrada Congregação para o Culto Divino
- *Liturgia eucarística dos domingos e solenidades.* Livro do altar, Sagrada Congregação para o Culto Divino.
- *Ritual do matrimônio.* Sagrada Congregação para o Culto Divino
- *Ritual da confirmação.* Sagrada Congregação para o Culto Divino
- *Ritual de bênçãos simplificado.* Sagrada Congregação para o Culto Divino
- *Ritual do batismo de crianças.* Sagrada Congregação para o Culto Divino
- *Ritual da penitência.* Sagrada Congregação para o Culto Divino
- *Ritual da unção dos enfermos e sua assistência pastoral.* Sagrada Congregação para o Culto Divino
- *Pontifical romano.* Sagrada Congregação para o Culto Divino
- *Ritual da iniciação cristã de adultos.* Sagrada Congregação para o Culto Divino
- *Sacramentário.* Sagrada Congregação para o Culto Divino
- *Nossa Páscoa: subsídios para a celebração da esperança,* CNBB
- *Ritual de exorcismos e outras súplicas.* Sagrada Congregação para o Culto Divino

RITUAL ROMANO

RESTAURADO POR DECRETO DO CONCÍLIO ECUMÊNICO VATICANO II E PROMULGADO PELA AUTORIDADE DE JOÃO PAULO II

RITUAL DE BÊNÇÃOS POR MINISTROS LEIGOS

Tradução Portuguesa da EDIÇÃO TÍPICA para o Brasil realizada e publicada pela Conferência Nacional dos Bispos do Brasil

Impressão e acabamento
PAULUS

 Seja um leitor preferencial **PAULUS**.
Cadastre-se e receba informações
sobre nossos lançamentos e nossas promoções:
paulus.com.br/cadastro
Televendas: **(11) 3789-4000 / 0800 016 40 11**

1ª edição, 1991
16ª reimpressão, 2023

© PAULUS – 1991

Rua Francisco Cruz, 229 • 04117-091 • São Paulo (Brasil)
Tel.: (11) 5087-3700
paulus.com.br • editorial@paulus.com.br

ISBN 978-85-349-0956-3

"... erguendo as mãos abençoou-os..."
Lc 24,50

APRESENTAÇÃO

Tendo recebido do Papa Paulo VI a incumbência de reformar todos os livros litúrgicos em uso na Igreja Latina, o "Consilium ad exsequendam Constitutionem de Sacra Liturgia" pôs mãos à obra formando grupos de estudos encarregados de rever os diversos livros, inclusive o "Rituale Romanum". Chegando à parte das bênçãos, os peritos se dividiam em duas orientações: uma desejava continuar a "benzer" os objetos, coisificando a bênção, e outra queria limitar a bênção a um louvor de Deus. Por razões que ignoro, o *Ritual de Bênçãos* só foi publicado pela Santa Sé em 1984, mais de 10 anos depois dos outros livros.

Mas valeu a pena esperar, pois o *Ritual de Bênçãos* é um livro litúrgico de grande valor. Nele as bênçãos estão divididas em cinco partes, bênção de pessoas, de objetos, de coisas destinadas ao uso litúrgico, de objetos de piedade e, finalmente, de bênçãos para diversos fins.

Uma das características do novo *Ritual de Bênçãos* é que não há mais bênção com um simples sinal-da-cruz, pois toda bênção comporta uma oração ou uma leitura da Palavra de Deus (n. 27). A estrutura de cada bênção comporta uma proclamação da Palavra de Deus e um louvor da bondade de Deus com um pedido de auxílio, além de um breve rito de abertura e de conclusão (n. 20).

Outra é que há bênçãos presididas por leigos, homens ou mulheres, em virtude de seu sacerdócio batismal

(n. 18). É extremamente louvável esse reconhecimento da dignidade sacerdotal (sacerdócio comum e não ministerial) do leigo, abrindo a possibilidade de que presida um bom número de bênçãos. Vemos como a Igreja caminha tirando sempre novas conclusões dos documentos conciliares. A participação ativa do leigo na Liturgia é mais uma vez a alavanca de sua promoção na Comunidade Eclesial.

Este Ritual não é só para estar nas sacristias, onde não pode faltar, mas seria de desejar que se encontrasse em muitos lares e que fosse usado com freqüência.

Brasília, 25 de outubro de 1989.

Clemente José Carlos Isnard, OSB
Responsável pela Linha 4 da CNBB

CONGREGAÇÃO PARA O CULTO DIVINO

Prot. N. 1200/84

DECRETO

As celebrações de bênçãos ocupam lugar destacado entre os sacramentais, instituídos pela Igreja para o bem-estar pastoral do povo de Deus. Como ações litúrgicas que são, tais ritos elevam os fiéis ao louvor de Deus e os dispõem a alcançar o efeito principal dos sacramentos e a santificar as diversas circunstâncias de sua vida.

Determinando o reexame da matéria, o Concílio Ecumênico Vaticano II estabeleceu que a celebração dos sacramentais levasse em máxima conta a participação consciente, ativa e fácil dos fiéis, e afastasse por completo todo laivo porventura adquirido no decorrer do tempo, que viesse a empanar o brilho dos sacramentais em sua natureza e fins.

O mesmo Concílio decidiu, também, manter pouquíssimas bênçãos reservadas, e apenas em favor dos bispos e ordinários, e dar oportunidade para que certos sacramentais possam ser administrados, ao menos em certas circunstâncias especiais e a critério do Ordinário, por leigos revestidos de qualidades convenientes.

Em obediência a essas determinações, a Congregação para o Culto Divino preparou um novo título do Ritual Romano, que o Papa João Paulo II, com autoridade apostólica, aprovou e mandou publicar.

A mesma Congregação, portanto, traz a público, por mandado especial do Sumo Pontífice, o *Ritual de Bênçãos*, que, redigido em língua latina, entrará em vigor tão logo venha a lume, e nas línguas vernáculas, quando forem reconhecidas pela Sé Apostólica as traduções, na data determinada pelas Conferências Episcopais.

Revogadas as disposições em contrário.

Da sede da Congregação para o Culto Divino, no dia 31 de maio de 1984.

† AUGUSTINUS MAYER, OSB
Arc. Tit. de Satriano
Pro-Prefeito

† VERGILIUS NOÈ
Arc. Tit. de Voncaria
Secretário

Prot. N. CD 364/89

BRASIL

Por solicitação do Exmo. Dom Clemente José Carlos Isnard, OSB, Bispo de Nova Friburgo e Presidente da Comissão Episcopal de Liturgia, feita em carta de 28 de junho de 1989, em virtude das faculdades concedidas a esta Congregação pelo Soberano Pontífice JOÃO PAULO II, temos a satisfação de aprovar ou confirmar a tradução portuguesa do *Ritual de Bênçãos*.

No texto a ser impresso, insira-se na íntegra este Decreto, pelo qual se concede a confirmação pedida à Sé Apostólica.

E dois exemplares do texto impresso sejam enviados a esta Congregação.

Revogam-se as disposições em contrário.

Dado na Sede da Congregação para o Culto Divino e a Disciplina dos Sacramentos, aos 14 de setembro de 1989.

† Ludovico Kada
Arcebispo titular de Tibica
Secretário

Pedro Tena
Sub-secretário

INTRODUÇÃO GERAL

I. A BÊNÇÃO NA HISTÓRIA DA SALVAÇÃO

1. Fonte e origem de toda bênção[1] é Deus, bendito acima de tudo[2], o Deus de bondade, que fez todas as coisas para cobrir de bênçãos as suas criaturas[3], e que sempre as abençoou, mesmo depois da queda do homem, em sinal de misericórdia.

2. Quando, porém, chegou a plenitude dos tempos, o Pai enviou seu Filho e por meio dele, que se fez homem, de novo abençoou os homens com toda sorte de bênçãos espirituais[4]. E assim a maldição antiga transmudou-se em bênção para nós quando "nasceu o sol de justiça", Cristo nosso Deus, que expiando a maldição trouxe-nos a bênção[5].

3. Bênção máxima de Deus Pai, Cristo Jesus apareceu no Evangelho abençoando os irmãos, mormente os humildes[6], e dirigindo ao Pai a oração da bênção[7]. Ao fim, glorificado pelo Pai, e subindo aos céus, ele comunicou os dons do seu Espírito aos irmãos que conquistara com o

---

1. Cf. *Missale Romanum*, restaurado segundo o decreto do Sagrado Concílio Ecumênico Vaticano II, promulgado pela autoridade do Papa Paulo VI, 2ª ed. tip., Roma, 1975: Bênçãos para o fim da Missa, Bênçãos solenes, n. 3, Início do ano.

2. Cf. Rm 9,5.

3. Cf. *Missale Romanum*, Oração Eucarística IV, n. 117.

4. Cf. Gl 4,4; Ef 1,3.

5. Cf. *Officium divinum*, restaurado segundo o decreto do Sagrado Concílio Ecumênico Vaticano II, promulgado pela autoridade do Papa Paulo VI, *Liturgia das Horas*, conforme o rito romano, ed. tip., vol. IV, Roma, 1972: Natividade de Nossa Senhora, dia 8 de setembro, antífona ao Benedictus.

6. Cf. At 3,26; Mc 10,16; 6,41; Lc 24,50 etc.

7. Cf. Mt 9,31; 14,19; 26,26; Mc 6,41; 8,7.9; 14,22; Lc 9,16; 24,30; Jo 6,11.

sangue, para que, guiados por aquela força, pudessem louvar e magnificar a Deus Pai em todas as coisas, adorá-lo e render-lhe graças, como também merecer, praticando obras de caridade, serem contados entre os benditos do reino[8].

4. Pelo Espírito Santo a bênção de Abraão[9] mais e mais se realiza, em Cristo, ao ser transmitida aos filhos chamados à vida nova "em toda plenitude de bênção"[10], pois que eles, como membros do corpo de Cristo, distribuem os frutos do mesmo Espírito para salvar o mundo com a bênção divina.

5. Em vista do Cristo Salvador, o Pai tinha já confirmado a primeira aliança de seu amor aos homens, derramando abundantes bênçãos sobre eles. Preparou, assim, o povo eleito para receber o Redentor e aos poucos tornar-se digno daquela aliança. E o povo, trilhando o caminho da justiça, pôde honrar a Deus com palavras e sentimentos e ser sinal e sacramento da bênção divina no mundo.

6. Mas Deus, de quem toda bênção se origina, já naquele tempo concedera aos homens, particularmente patriarcas, reis, sacerdotes, levitas, pais[11], que bendissessem seu nome com louvores e em seu nome cumulassem de bênçãos divinas os outros homens e as coisas criadas.

Quando Deus abençoa, por si mesmo ou por meio dos homens, o que está em jogo sempre é a promessa do seu

---

8. Cf. *Missale Romanum*, Comum dos Santos e Santas: 9. Para os que praticaram obras de misericórdia, coleta.

9. Cf. Gn 12,3.

10. S. BASÍLIO, *De Spiritu Sancto,* cap. 15,36, PG 32, 131. CF SANTO AMBRÓSIO, *De Spiritu Sancto,* I, 7, 89, PL 16, 755; CSEL 79, 53.

11. Cf. Gn 14,19-20 — Hb 7,1; Gn 27,27-29; 38,40 — Hb 11,20; Gn 49,1-28 — Hb 11,21; Dt 21,5; 33; Js 14,13; 22,6; 2Cr 30,27; Lv 9,22-23; Ne 8,6; Eclo 3,9-11.

auxílio, o anúncio de sua graça e a proclamação de sua fidelidade ao pacto feito. E quando os homens o bendizem, é o louvor àquele a quem declaram bom e misericordioso.

Na verdade Deus dá sua bênção ao homem, comunicando ou anunciando sua bondade. Os homens bendizem a Deus elevando louvores, dando graças, prestando o culto de piedade e obediência; e abençoam outros homens invocando o auxílio divino sobre cada um ou sobre o grupo reunido.

7. Conforme o testemunho da Sagrada Escritura, todas as coisas que Deus criou e que sua providência perenemente conserva no mundo, representam sua bênção e servem para levar os homens a bendizê-lo[12]. E isto é tanto mais verdade, depois que o Verbo feito homem começou a santificar todas as coisas do mundo pelo mistério de sua encarnação.

Sem dúvida, as bênçãos, como atos de bendizer, referem-se em primeiro lugar e principalmente a Deus, cuja grandeza e bondade exaltam; mas, porque comunicam benefícios divinos, elas visam aos homens, que Deus governa e protege com providência; finalmente, as bênçãos se dirigem também às coisas criadas, com que Deus abençoa os homens de modo abundante e variado[13].

II. AS BÊNÇÃOS NA VIDA DA IGREJA

8. Obedecendo ao mandado do Salvador, a Igreja participa do cálice de bênção[14], agradecendo aquele extraordinário dom de Deus, por nós recebido pela primeira vez no mistério pascal e a nós depois comunicado na Eucaristia. É no mistério eucarístico que a Igreja encontra a

12. Cf., por exemplo, Dn 3,57-88; Sl 65(66), 8; 102(103); 134(135); 1Tm 4,4-5.
13. Cf. Gn 27,27; Ex 23,25; Dt 7,13; 28,12; Jó 1,10; Sl 64(65), 11; Jr 31,23.
14. Cf. 1Cor 10,16.

graça e a força que a transformam numa bênção para o mundo; nele a Igreja realiza, como sacramento universal de salvação[15], a obra de santificação dos homens, e glorifica o Pai com Cristo, a Cabeça, no Espírito Santo.

9. Ela exerce esse ministério de muitos modos, sob a ação do Espírito Santo. Institui, assim, diversas formas de bênção, utilizando-as para convidar os homens a louvarem a Deus, atraí-los a invocarem sua proteção, exortá-los a fazer por merecerem sua misericórdia pela santidade da vida; enfim, rezar por eles, de tal modo que todas essas orações redundem no recebimento de benefícios divinos.

Vêm, portanto, a propósito, as bênçãos instituídas pela Igreja, como sinais sensíveis mediante os quais "é significada e, de modo peculiar a cada sinal, realizada"[16] aquela santificação dos homens em Cristo e aquela glorificação de Deus, que constituem a meta para onde confluem todas as outras atividades da Igreja[17].

10. Na condição de sinais, dependentes portanto da Palavra de Deus e celebradas sob a ação da fé, as bênçãos destinam-se a ilustrar e manifestar a vida nova em Cristo, que nasce e cresce com os sacramentos da nova aliança, instituídos pelo Senhor. Ademais, as bênçãos, por serem fruto de certa imitação dos sacramentos, significam principalmente efeitos espirituais, que elas obtêm através da impetração da Igreja[18].

11. Com esta convicção, a Igreja tem-se empenhado para que a celebração da bênção seja encaminhada, na reali-

---

15. Cf. Conc. Vat. II, Const. dogmática sobre a Igreja, *Lumen Gentium*, n. 48.
16. Cf. Conc. Vat. II, Const. dogmática sobre a S. Liturgia, *Sacrosanctum Concilium*, n. 7.
17. *Ibidem*, nn. 7 e 10.
18. Cf. *ibidem*, n. 60.

dade, ao louvor e à exaltação de Deus, e destinada ao proveito espiritual de seu povo.

E para que isto se torne mais claro, as fórmulas das bênçãos, em força de antiga tradição, visam antes de tudo a glorificar a Deus por seus dons e a implorar os seus benefícios, como também a reprimir o poder do maligno no mundo.

12. Glorificando a Deus em todas as coisas e especialmente tendo em vista a manifestação da glória de Deus nos homens, renascidos ou por renascer pela graça, a Igreja, através das bênçãos, louva o Senhor com eles e para eles em circunstâncias particulares da vida, e sobre eles invoca a sua graça. A Igreja por vezes benze também objetos e lugares relacionados seja com iniciativas humanas seja com a vida litúrgica e a piedade e devoção, sempre porém tendo presentes os seres humanos que usam esses objetos e atuam nesses lugares. O homem para quem Deus quis fazer e fez todos os bens, é, sem dúvida, o receptáculo de sua sabedoria, pois, com os ritos da bênção, ele se compromete a fazer tal uso das coisas criadas que só o conduza a procurar a Deus, amar a Deus e a Deus fielmente servir.

13. Os fiéis cristãos, guiados pela fé, reforçados pela esperança e impelidos pela caridade, não só têm condições para distinguir com sabedoria os traços da bondade divina em todas as coisas criadas, como implicitamente buscam o reino de Cristo na realização de suas iniciativas; e, ainda, consideram todos os acontecimentos do mundo como sinais da providência paterna com que Deus governa e conserva. Sempre, portanto, e em toda parte, há de dar-se ocasião para se louvar e invocar a Deus, por Cristo, no Espírito Santo, e render-se-lhe graças, contanto que se trate de coisas, lugares e circunstâncias que não estejam em contradição com a norma ou o espírito do Evangelho. Por isso, toda e qualquer celebração da bênção deverá sempre ser submetida a juízo pastoral, principalmente se se pode prever que surgirá o perigo de estranheza por parte dos fiéis ou de outros.

14. Esta preocupação pastoral com as bênçãos corresponde às palavras do mesmo Concílio Ecumênico Vaticano II: "A Liturgia dos sacramentos e sacramentais consegue, para os fiéis bem dispostos, que quase todo acontecimento da vida seja santificado pela graça divina que emana do Mistério Pascal da Paixão, Morte e Ressurreição de Cristo, do qual todos os sacramentos e sacramentais adquirem sua eficácia. E quase não há uso honesto de coisas materiais que não possa ser dirigido à finalidade de santificar o homem e louvar a Deus"[19].

Assim, através dos ritos das bênçãos dispõem-se os homens a receber o efeito principal dos sacramentos e santificam-se as várias circunstâncias de suas vidas.

15. "Para que se obtenha essa plena eficácia, é mister que os fiéis se acerquem da Sagrada Liturgia com disposições de reta intenção"[20]. Por isso, os que pretendem a bênção de Deus, através da Igreja, reforcem suas disposições com aquela fé que tudo crê possível[21]; apóiem-se numa esperança que não decepciona[22]; renovem-se por uma caridade que insiste na observância dos mandamentos de Deus[23]. Assim, pois, os homens que buscam co-

---

19. Conc. Vat. II, Const. sobre a S. Liturgia, *Sacrosanctum Concilium*, n. 61.
20. *Ibidem*, n. 11.
21. Cf. Mc 9,23.
22. Cf. Rm 5,5.
23. Cf. Jo 14,21.

vontade de Deus[24] hão de entender plenamente a bênção do Senhor e hão de verdadeiramente consegui-la.

III. OFÍCIOS E MINISTÉRIOS

16. As bênçãos da Igreja são ações litúrgicas; por isso a celebração comunitária, que por vezes se exige, melhor corresponde à forma de uma prece litúrgica; enquanto se propõe pela oração da Igreja a verdade aos fiéis, os presentes são levados a unir o coração e a voz à voz maternal da Igreja.

Nas bênçãos de maior importância, que dizem respeito à Igreja local, é conveniente que se reúna a comunidade diocesana ou paroquial sob a presidência do bispo ou do pároco.

Mas é válido que os fiéis compareçam também às demais bênçãos, pois o que se realiza em favor de determinado grupo reflui de certo modo sobre toda a comunidade.

17. Quando não há presença de nenhum grupo de fiéis, lembrem-se ambos, o que deseja bendizer a Deus ou pedir a bênção divina e o ministro que preside a celebração, de que estão aí já representando a Igreja celebrante, de modo que a bênção, pela oração e súplica comum de ambos, desce de Deus "por intermédio do homem, não a partir do homem"[25], como uma "transferência votiva de santificação e de graças"[26].

Não se faça habitualmente a celebração da bênção de coisas e lugares sem a participação de ao menos algum fiel.

24. Cf. Rm 12,2; Ef 5,17; Mt 12,50; Mc 3,35.
25. CESÁRIO DE ARLES, *Sermo* 77,5, CCL 103,321.
26. AMBRÓSIO, *De benedictionibus patriarcharum*, 2,7, PL 14,709; CSEL *De Patriarchis*, 32,2,18.

18. O ministério da bênção está unido com o exercício especial do sacerdócio de Cristo e, conforme o lugar e as atribuições de cada um no povo de Deus, é exercido do modo seguinte:

(a) Ao *bispo* compete presidir principalmente aquelas celebrações que dizem respeito a toda a comunidade diocesana e que são realizadas com solenidade especial e grande concurso de povo; por isso, ele poderá reservar para si[27] certas celebrações, mormente as de forma mais solene.

(b) Aos *presbíteros*, como exige a natureza do seu serviço em favor do povo de Deus, compete presidir as bênçãos, principalmente as que dizem respeito à comunidade, para as quais eles têm delegação; por isso poderão celebrar todas as bênçãos deste livro, a não ser que o bispo esteja presente, que, então, presidirá as mesmas.

(c) Aos *diáconos*, que prestam ajuda ao bispo e ao conselho de presbíteros na qualidade de ministros da palavra, do altar e da caridade, compete presidir algumas celebrações, como está indicado no lugar próprio.

Sempre que o sacerdote estiver presente, a este, de preferência, será atribuída a função da presidência, enquanto o diácono lhe ministrará na ação litúrgica exercendo as funções próprias.

(d) Aos *acólitos* e *leitores*, que desempenham por ministério instituído da Igreja uma função peculiar, é atribuída por direito, antes dos demais leigos, a faculdade de dar certas bênçãos, a juízo do Ordinário do lugar.

Outros leigos, homens e mulheres, em virtude do sacerdócio comum cuja graça lhes foi comunicada no batismo e na confirmação, poderão, em vista da própria função (como os pais em favor de seus filhos), ou por exercerem um ministério extraordinário, ou por desem-

---

27. Cf. Conc. Vat. II, Const. sobre a S. Liturgia, *Sacrosanctum Concilium*, n. 79.

penharem outras tarefas peculiares na Igreja (como os religiosos ou catequistas em algumas regiões), a juízo do Ordinário do lugar[28] e gozando notoriamente de bom conceito quanto ao seu preparo pastoral e à prudência no cumprimento dos próprios deveres apostólicos, celebrar certas bênçãos, de acordo com rito e fórmulas para eles previstos, conforme está indicado em cada rito.

Quando porém estiver presente o sacerdote ou o diácono, cabe a estes a função de presidir.

19. A participação dos fiéis será tanto mais ativa quanto mais profunda instrução se lhes ministre sobre a importância das bênçãos. Expliquem, portanto, os presbíteros e ministros aos fiéis cristãos, durante as próprias celebrações como também na pregação e catequese, a significação e eficácia das bênçãos.

Na verdade, deve-se ter o maior empenho para se ensinar ao povo de Deus o significado correto dos ritos e das orações que a Igreja usa quando dá a bênção, a fim de que não se insinue na sagrada celebração nada que venha prejudicar a pureza da fé com superstições ou mistura de credulidade tola.

IV. CELEBRAÇÃO DA BÊNÇÃO

A estrutura típica

20. A bênção apresenta basicamente duas partes principais, sendo a primeira a proclamação da Palavra de Deus, e a segunda, o louvor da bondade divina com impetração do auxílio celeste.

Geralmente a celebração começa e termina com breves ritos.

28. Cf. *ibidem*, n. 79

21. Meta da primeira parte é que a bênção se torne realmente um sinal sagrado; este adquire sentido e eficácia da Palavra de Deus[29].

O centro, portanto, desta primeira parte é a proclamação da Palavra de Deus, à qual, normalmente, fazem referência quer a exortação introdutória, quer a breve explicação, exortação ou homilia, que podem ser oportunamente acrescentadas.

Para melhor despertar a fé dos participantes, intercalam-se oportunamente um salmo, ou canto, ou um silêncio sagrado, especialmente no caso de várias leituras.

22. O objetivo da segunda parte é que Deus seja louvado e seu auxílio impetrado, por Cristo, no Espírito Santo. E o centro desta parte é constituído pela fórmula da bênção, ou oração da Igreja, que é muitas vezes acompanhada de um sinal particular.

Para favorecer mais a oração dos presentes, pode-se acrescentar uma prece comum, que geralmente precede a oração da bênção e às vezes se lhe segue.

23. Nos ritos de celebração aqui propostos, devem-se distinguir os elementos principais, como sejam a proclamação da Palavra de Deus e a oração da Igreja, que nunca se devem omitir, mesmo nos ritos breves, de outros elementos, numa adaptação de celebração.

24. Por outro lado, na preparação da celebração procure-se antes de tudo observar o seguinte:

(a) preferir, geralmente, a forma comunitária[30], em que o diácono, o leitor, o salmista e o coro possam desempenhar as próprias funções;

---

29. Cf. *Missale Romanum*, Ordo Lectionum Missae (A Palavra de Deus na Missa, Edições Paulinas, 1985), 2ª ed. tip., Roma, 1981, Introdução Geral, nn. 3-9.
30. Cf. Conc. Vat. II, Const. sobre a S. Liturgia, *Sacrosanctum Concilium*, n. 27.

(*b*) levar em conta a norma primária, a saber, a participação consciente, ativa e adequada dos fiéis[31];

(*c*) cuidar oportunamente dos requisitos materiais e condições dos assistentes[32], obedecidos os princípios desses ritos renovados, e guardadas as normas que promanam da autoridade competente.

Os sinais a serem usados

25. Os sinais visíveis que muitas vezes acompanham as orações, prestam-se principalmente para fazer relembrar as ações com que o Senhor nos salvou, para demonstrar as relações das mesmas com os principais sacramentos da Igreja, e para alimentar a fé dos participantes, prendendo-lhes a atenção ao rito[33].

26. Os sinais que mais se usam são os seguintes: estender as mãos, levantá-las, juntá-las; imposição das mãos; sinal-da-cruz; aspersão de água benta; incensação.

(*a*) Como a fórmula da bênção é, em primeiro lugar, "oração", o ministro, conforme vai indicado em cada um dos ritos, estende ou levanta, ou junta as mãos.

(*b*) A imposição das mãos ocupa lugar especial entre os sinais de bênção, como Cristo costumava fazer. Referindo-se aos discípulos, ele disse: "imporão as mãos sobre os enfermos e estes ficarão curados" (Mc 16,18); este sinal é ainda realizado na Igreja c pela Igreja.

(*c*) O sinal-da-cruz é também indicado muitas vezes, de acordo com antiga tradição da Igreja.

(*d*) Em alguns ritos está indicada a aspersão de água benta. Os ministros, então, procurem reavivar nos fiéis a recordação do mistério pascal e neles renovar a fé batismal.

31. Cf. *ibidem*, n. 79.
32. Cf. *ibidem*, nn. 59-60.
33. Cf. *ibidem*, nn. 59-60.

(*e*) Em alguns outros ritos usa-se a incensação, que é um sinal de veneração e honra e significa às vezes a oração da Igreja.

27. Embora os sinais usados nas bênçãos, principalmente o sinal-da-cruz, sirvam para exprimir certa evangelização e comunicação da fé, para garantir uma participação mais ativa e evitar o perigo de superstição, não é permitida a realização habitual da bênção de objetos e lugares somente usando-se sinais externos, sem qualquer referência à Palavra de Deus, ou de alguma oração.

Como combinar a celebração da bênção com outras celebrações, ou com outras bênçãos

28. Como certas bênçãos têm relação especial com os sacramentos, podem às vezes juntar-se à celebração da missa.

No ritual das bênçãos são indicadas essas bênçãos e com que parte, ou rito, devem unir-se; para cada caso são oferecidas normas rituais, que não é permitido transgredir. As outras bênçãos não devem de modo algum estar associadas com a celebração eucarística.

29. Certas bênçãos podem unir-se a outras celebrações, como se acha indicado nos respectivos ritos.

30. É às vezes conveniente reunir várias bênçãos numa só celebração. Em sua preparação, tenha-se o cuidado de tomar o rito, que diz respeito à bênção principal, acrescentando-se na exortação e nas preces sinais e palavras apropriadas para demonstrar a intenção de realizar também as outras bênçãos.

*Função do ministro no preparo
e organização da celebração*

31. Lembre-se o ministro de que as bênçãos dizem respeito em primeiro lugar aos fiéis, mas podem também ser celebradas para catecúmenos, e, mantidas as normas do cânone 1170, não havendo proibição da Igreja, também para não-católicos.

Para a celebração de bênçãos em forma comunitária com os irmãos separados, sejam observadas, em cada caso, as normas emitidas pelo Ordinário do lugar.

32. O celebrante ou ministro, tendo considerado todas as circunstâncias e tendo também ouvido a opinião dos fiéis, procure usar oportunamente as possibilidades oferecidas nos vários ritos; mas conserve a estrutura da bênção, sem alterar de nenhum modo a ordem das partes principais.

33. Na realização da celebração comunitária, tenha-se o cuidado para que todos, ministros e fiéis, executando suas funções, realizem com dignidade, ordem e piedade, tudo aquilo que lhes concerne.

34. Do mesmo modo, atenda-se ao caráter do Tempo litúrgico, para que as exortações e as orações dos fiéis tenham ligação com o círculo anual dos mistérios de Cristo.

As vestes litúrgicas a serem usadas

35. O bispo, quando preside uma celebração de maior importância, usa as vestes indicadas no Cerimonial dos Bispos.

36. O presbítero e o diácono, ao presidirem as bênçãos

em forma comunitária, principalmente no recinto da igreja ou com alguma solenidade externa, vestirão alva e estola. Quando o celebrante estiver usando hábito talar, pode trocar a alva por sobrepeliz. Nas celebrações mais solenes poderá usar a capa magna.

37. A cor dos paramentos seja branca ou adaptada ao Tempo litúrgico ou à festa.

38. Os ministros, devidamente instituídos, ao presidirem as celebrações da comunidade, usarão as vestes prescritas para as celebrações litúrgicas pela Conferência dos Bispos ou pelo Ordinário do lugar.

V. ADAPTAÇÕES QUE COMPETEM ÀS CONFERÊNCIAS EPISCOPAIS

39. Compete às Conferências dos Bispos, por força da Constituição sobre a Sagrada Liturgia[34], preparar a redação de um Ritual particular que corresponda ao presente título do Ritual Romano, adaptado às necessidades de cada região, para ser usado nas regiões respectivas, após reconhecimento da Sé Apostólica[35].

Nesta matéria, cabe às Conferências dos Bispos:

(a) definir as adaptações de acordo com os princípios estabelecidos neste livro, mantida a estrutura própria dos ritos;

(b) ter em conta, com zelo e prudência, os elementos da tradição e da índole de cada povo que possam ser oportunamente acolhidos e, por isso, propor outras adaptações julgadas úteis ou necessárias[36];

34. Cf. Conc. Vat. II, Const. sobre a Sagrada Liturgia, *Sacrosanctum Concilium,* n. 63b.
35. Cf. CDC, cans. 838 §§ 2 e 3; 1167 § 1.
36. Cf. Conc. Vat. II, Const. sobre a Sagrada Liturgia, *Sacrosanctum Concilium,* nn. 37-40; 65.

(c) conservar as bênçãos próprias dos rituais particulares já existentes, se as houver, ou as do antigo Ritual Romano, que estejam ainda em uso, contanto que tais bênçãos possam harmonizar-se com o espírito da Constituição sobre a Sagrada Liturgia, com os princípios apresentados neste título e com as necessidades atuais; ou adaptá-las;

(d) acrescentar nos vários ritos de bênçãos, especialmente quando as fórmulas são oferecidas em maior número para livre escolha, outras fórmulas da mesma espécie, além das que se acham no Ritual Romano;

(e) não só traduzir integralmente, como também, se for o caso, completar a introdução geral e as introduções de cada rito, existentes neste livro, de sorte que os ministros possam ter compreensão mais completa do significado dos ritos e os fiéis, uma participação nos mesmos consciente e ativa;

(f) completar aqueles elementos desejáveis que o livro omite, oferecendo, por exemplo, outras leituras que possam ser úteis; indicar cantos mais apropriados;

(g) preparar traduções dos textos, de tal modo que elas se adaptem ao sentido das várias línguas e ao espírito das diferentes culturas;

(h) organizar a matéria nas edições do livro do modo que pareça mais adequado ao uso pastoral; publicar em separado partes do livro; sempre, porém, com os elementos principais das Introduções.

PRIMEIRA PARTE

BÊNÇÃOS DE PESSOAS

CAPÍTULO I

BÊNÇÃO DE FAMÍLIAS E DE SEUS MEMBROS

Introdução

40. A Igreja, em sua ação pastoral, sempre teve em grande estima a comunidade de vida de amor conjugal, criada por Deus e constituída pelo Cristo Senhor conforme o modelo de sua união misteriosa e fecunda com a Igreja, para ser um sacramento, um estado de vida e uma função especial da nova aliança. Com efeito, dessa comunidade origina-se a família, onde os cônjuges conservam, no povo de Deus, um dom próprio e uma vocação especial, a fim de serem cooperadores da graça um para o outro, para os filhos e para os demais familiares e serem testemunhas da fé e do amor de Cristo. Por isso, a família cristã, como Igreja doméstica, no cumprimento de uma missão recebida de fonte divina e no exercício do seu apostolado, tem a obrigação de proclamar bem alto perante os homens, quer as excelências do reino de Deus no mundo, quer a esperança da vida bem-aventurada[1].

41. Para ajudar os cônjuges e os outros membros da família a tornarem-se cada dia mais aptos para assumir plenamente e com perseverança a própria função, a Igreja instituiu certos meios sacramentais, que viriam

---

1. Cf. Conc. Vat. II, Const. dogmática sobre a Igreja, *Lumen Gentium*, nn. 11 e 35; Decreto sobre o apostolado dos leigos, *Apostolicam Actuositatem*, nn. 7 e 11; Const. pastoral sobre a Igreja no mundo de hoje, *Gaudium et Spes*, nn. 47-52.

enriquecer a vida familiar em determinadas circunstâncias com a proclamação da Palavra de Deus e uma bênção especial. Trata-se, principalmente, dos ritos de bênçãos descritos neste capítulo.

I . BÊNÇÃO DA FAMÍLIA

Introdução

42. Toda vez que a família cristã solicita ou o zelo pastoral aconselha uma bênção, ela deverá ser dada, oportunamente, para incremento da vida cristã entre os membros da família. Para melhor se conseguir isso, a celebração precisa ser adaptada às circunstâncias.

43. A bênção da família pode também ser efetuada dentro da celebração da missa.

RITO DA BÊNÇÃO

44. O rito aqui oferecido pode ser usado por um sacerdote como por um diácono, e mesmo um leigo.

45. Conservando-se sempre os elementos mais importantes do presente rito, podem-se escolher algumas partes para adaptar a celebração às condições do lugar e das pessoas da família.

Ritos Iniciais

46. Reunida a família, o ministro diz:

Em nome do Pai e do Filho e do Espírito Santo.

Todos fazem o sinal-da-cruz e respondem:

Amém.

47. O ministro saúda os presentes, dizendo:

A graça de nosso Senhor Jesus Cristo esteja com todos nós.

Todos respondem:

Amém.

48. O ministro prepara os presentes para receberem a bênção com estas palavras ou outras semelhantes:

Caríssimos irmãos e irmãs, a família recebeu pelo sacramento do matrimônio a graça de Cristo e uma vida nova; por isso, tem importância particular para a Igreja como para a sociedade civil, sendo ela a célula primeira e vital de ambas.
Invocamos nesta celebração a bênção do Senhor, para que os membros desta família sejam sempre, entre si, colaboradores da graça e mensageiros da fé nas diversas circunstâncias da vida.
Com a ajuda de Deus havereis de cumprir vossa missão, harmonizando vossas vidas com o Evangelho, para que assim possais apresentar-vos no mundo como testemunhas de Cristo.

Leitura da Palavra de Deus

49. Em seguida, um dos presentes ou o próprio ministro, lê um texto da Sagrada Escritura, escolhido dentre os propostos adiante.

1Cor 12,12-14 *"Todos os membros formam um só corpo".*

Irmãos, vamos ouvir as palavras de São Paulo aos coríntios.

Porque, assim como o corpo, sendo um só, tem muitos membros e todos os membros do corpo, sendo muitos, são um só corpo, assim também é Cristo. Pois num só Espírito todos nós fomos batizados para sermos um só corpo e todos, quer judeus, quer gregos, quer escravos, quer livres, bebemos do mesmo Espírito. Porque o corpo não é um só membro, mas muitos.

50. Ou:

Ef 4,1-6 *"Suportando-vos uns aos outros com caridade"*.

Irmãos, vamos ouvir as palavras de São Paulo aos efésios.

Assim, pois, eu, preso por causa do Senhor, vos exorto a andardes de uma maneira digna da vocação a que fostes chamados, com toda a humildade e mansidão, com paciência, suportando-vos uns aos outros com caridade. Sede solícitos por conservar a unidade do espírito mediante o vínculo da paz. Sede um só corpo e um só espírito, assim como fostes chamados por vossa vocação para uma só esperança. Há um só Senhor, uma só fé, um só batismo. Há um só Deus e Pai de todos, que está acima de todos, por todos e em todos.

51. Ou:

Rm 12,4-16 *"Com amor fraterno, tendo carinho uns para com os outros"*.

Pois, assim como num só corpo temos muitos membros...

1Cor 12,31b – 13,7 *"A caridade tudo desculpa, tudo crê, tudo espera, tudo suporta"*.

Um caminho que ultrapassa a todos...

52. Se for oportuno, pode-se recitar ou cantar um salmo responsorial, ou outro canto apropriado.

Sl 127(128),1-2.4-6a

R/. *(cf. 1)* Feliz és tu se temes o Senhor.

53. Se for oportuno, o ministro dirige algumas palavras aos presentes, explicando a leitura bíblica, a fim de levá-los a entender pela fé o sentido da celebração.

Preces

54. Segue-se a oração comum. Dentre as intercessões abaixo, o ministro poderá escolher as que julgar mais apropriadas, ou acrescentar outras condizentes com as circunstâncias e as condições particulares das famílias.

Supliquemos humildemente ao Cristo Senhor, Palavra eterna do Pai, que, enquanto esteve entre os homens, se dignou viver em família e cumulá-la de bênçãos celestes, para que olhe com bondade por esta família, e digamos:

R/. Senhor, guardai a nossa família na vossa paz.

Vós que, sendo obediente a Maria e a José,
consagrastes a vida familiar,
— santificai esta família com vossa presença. R/.

Tivestes zelo pelas coisas do Pai,
— fazei que em toda família Deus seja servido e honrado.
R/.

Apresentastes a vossa sagrada família
como admirável exemplo
de oração, de amor e obediência à vontade do Pai,
— santificai com vossa graça esta família
e dignai-vos abençoá-la com os vossos dons. R/.

Amastes os vossos pais e fostes por eles amado,
— consolidai todas as famílias na paz e na caridade. R/.

Em Caná da Galiléia,
alegrastes o nascimento de uma família
com o vosso primeiro milagre,
transformando água em vinho,
— aliviai as dores e aflições desta família,
e transformai-as suavemente em alegria. R/.

Dissestes, velando pela unidade da família:
"o que Deus uniu, o homem não separe",
— conservai estes cônjuges cada dia mais fortemente
unidos pelos laços do vosso amor. R/.

55. Terminadas as preces, o ministro, se for o caso, convida todos os presentes a cantarem ou rezarem a Oração do Senhor, com estas palavras ou outras semelhantes:

Rezemos com amor e confiança a oração que o Senhor nos ensinou:

Todos:

Pai nosso que estais nos céus...

Oração da bênção

56. O ministro, com as mãos juntas, profere a oração da bênção.

Ó Deus, criador e misericordioso salvador do vosso povo,
vós quisestes fazer da família,
constituída pela aliança nupcial,
o sacramento de Cristo e da Igreja;
derramai copiosa bênção
sobre esta família, reunida em vosso nome,

a fim de que os que nela vivem num só amor
possam, com fervor e constância na oração,
ajudar-se uns aos outros
em todas as necessidades da vida
e mostrar sua fé pela palavra e pelo exemplo.
Por Cristo, nosso Senhor.

R/. Amém.

57. Ou:

Nós vos bendizemos, Senhor nosso Deus,
pois quisestes que o vosso Filho feito homem
participasse da família humana
e crescesse em estreita intimidade familiar,
para conhecer as aflições e provar as alegrias de uma família.
Senhor, nós vos rogamos humildemente por esta família;
protegei-a e guardai-a,
para que, confortada com o dom de vossa graça,
goze prosperidade, paz e harmonia, e dê no mundo testemunho de vossa glória, comportando-se como verdadeira Igreja doméstica.
Por Cristo, nosso Senhor.

R/. Amém.

58. Se for oportuno, o ministro asperge água benta sobre a família reunida, nada dizendo.

Conclusão do rito

59. O ministro conclui o rito dizendo:

O Senhor Jesus,

que morou em Nazaré com sua família,
permaneça sempre em vossa família,
defendendo-a de todo mal,
e vos conceda
ser um só coração e uma só alma.

Todos respondem:
Amém.

60. É louvável que a celebração se complete com um canto apropriado.

II. BÊNÇÃO DE CÔNJUGES

Introdução

61. Nos principais aniversários de casamento, como aos 25, 50 e 60 anos, pode-se comemorar de modo especial o sacramento pela celebração de missa própria com orações indicadas no Missal Romano[2].

62. Pode-se celebrar a bênção dos cônjuges dentro da missa, ou fora da missa.

63. Além dos aniversários, os cônjuges podem também pedir a bênção em circunstâncias ou necessidades especiais da vida, como, por exemplo, numa reunião espiritual ou numa peregrinação coletiva. Se forem vários os cônjuges a receber a bênção ao mesmo tempo, deve-se proferir no plural a oração da bênção e a bênção final.

64. Conservando-se sempre os elementos mais importantes desses ritos, algumas partes podem ser escolhidas, para adaptar melhor a celebração às condições do lugar, dos cônjuges e suas famílias.

---

2. Cf. *Missale Romanum*, Missas rituais, Pelos esposos, 2. Nos aniversários de casamento.

BÊNÇÃO FORA DA MISSA

65. O rito aqui oferecido pode também ser usado por um diácono ou mesmo por um leigo.

66. Conservando-se sempre os elementos principais do presente rito, podem-se escolher algumas partes, para adaptar a celebração às condições do lugar e dos cônjuges.

Quando os cônjuges são abençoados sem a comunidade, o ministro pode usar o rito breve, que se encontra no fim deste rito, nn. 133-136.

Ritos iniciais

67. Reunida a comunidade, pode-se cantar o salmo 33(34) ou outro canto apropriado. Terminado o canto, o ministro diz:

Em nome do Pai e do Filho e do Espírito Santo.

Todos fazem o sinal-da-cruz, e respondem:

Amém.

68. O ministro saúda os presentes, dizendo:

Bendito seja Deus, Pai de toda Consolação,
que foi misericordioso para conosco.

Todos respondem:

Amém.

69. Então, o ministro, nos aniversários de casamento, prepara os cônjuges presentes para receberem a bênção com estas palavras ou outras semelhantes:

Estamos aqui para comemorar o aniversário da celebração do casamento destes nossos irmãos. Enquanto participamos de sua alegria, também damos graças com eles. Deus quis que fossem no mundo sinal de seu amor e eles conservaram a fidelidade no decorrer dos anos (e cumpriram dignamente os deveres de pai e de mãe). Vamos juntos dar graças, caríssimos irmãos, por todos os benefícios que, em vossa vida conjugal, recebestes de Deus. E que o Senhor vos conserve no amor recíproco, para serdes sempre, cada vez mais, um só coração e uma só alma.

Em outras circunstâncias, adaptar-se-á convenientemente a exortação.

Leitura da Palavra de Deus

70. O leitor, ou um dos presentes, lê um texto da Sagrada Escritura, escolhido de preferência dentre os indicados no Ritual de Celebração do Matrimônio e no Lecionário das Missas para Matrimônio e para Ação de Graças[3]. Escolham-se textos que tenham mais relação com as condições dos cônjuges.

1Cor 1,4-9 *"Dou graças continuamente a Deus pela graça divina que vos foi concedida".*

Irmãos, vamos ouvir as palavras de São Paulo aos coríntios.

Dou graças continuamente a Deus pela graça divina que vos foi concedida em Cristo Jesus, porque nele fostes enriquecidos em tudo; em toda a palavra e em todo o conhecimento, na medida em que o testemunho de Cristo foi confirmado entre vós, de modo que não vos falta graça

---

3. Cf. *Rituale Romanum*, Rito de celebração do Matrimônio, nn. 67-105; *Missale Romanum*, Ordo Lectionum Missae (A Palavra de Deus na Missa) nn. 801-805 ou 943-947.

alguma enquanto esperais a manifestação de nosso Senhor Jesus Cristo. Ele por sua vez nos confirmará até o fim, para que sejais achados irrepreensíveis no dia de nosso Senhor Jesus Cristo. Pois fiel é Deus, por quem fostes chamados à comunhão com Jesus Cristo seu Filho e Senhor nosso.

71. Se for oportuno, pode-se recitar ou cantar um salmo responsorial, ou outro canto apropriado.

Sl 127(128),1-2.3.4-5

R/. (cf.1) Feliz és tu se temes o Senhor.

72. Se for oportuno, o ministro, após a leitura, passa a ilustrar brevemente o texto sagrado, explicando a graça e o mistério da vida matrimonial cristã, a fim de levar os presentes a entenderem pela fé o sentido da celebração.

Em seguida, o ministro convida os cônjuges a rezarem em silêncio e a renovarem diante de Deus o compromisso de viver santamente no matrimônio.

73. O ministro, nos aniversários de casamento, se for oportuno, reza esta oração:

Senhor, aumentai e santificai
o amor dos vossos filhos,
para que eles, que colocaram um no outro
estas alianças como símbolo de fidelidade,
possam sempre progredir na graça do sacramento.
Por Cristo, nosso Senhor.

R/. Amém.

Podem-se honrar as alianças com a incensação.

74. Se houver renovação de alianças, o ministro benza-as, dizendo:

Senhor, abençoai e santificai
o amor dos vossos filhos,
que usam estas alianças como símbolo de fidelidade,
e fazei que eles cultivem sempre a afeição recíproca
e a graça do sacramento.
Por Cristo, nosso Senhor.

R/. Amém.

Preces

75. Segue-se a oração comum. Dentre as intercessões propostas, o ministro poderá escolher as que julgar mais apropriadas ou acrescentar outras condizentes com as circunstâncias e condições particulares dos cônjuges.

Invoquemos a misericórdia de Deus Pai todo-poderoso que, por sapientíssimo desígnio de sua providência, quis que se prefigurasse a história da salvação no amor, na fidelidade (e na fecundidade) conjugal, e lhe digamos:

R/. Renovai, Senhor, a fidelidade dos vossos filhos.

Pai santo, que fizestes do casamento
em Cristo e na Igreja
um grande mistério,
— derramai generosamente sobre os vossos filhos
a plenitude do vosso amor. R/.

No aniversário do casamento, ou aos 25, 50, 60 anos:

Pai santo, que tendes o nome de Fiel,
que exigis, mas recompensais, a observância da aliança,
— dignai-vos cumular de bênçãos
estes vossos filhos
que comemoram o seu aniversário
(ou: 25 anos, 50 anos, 60 anos) de casamento. R/.

Pai santo, que, com o Filho e o Espírito Santo,
viveis desde toda eternidade
em perfeita unidade e comunhão de amor,
— fazei que estes vossos filhos
se lembrem de cumprir por toda a vida
a aliança de amor que firmaram pelo sacramento. R/.

Pai santo, que em vossa providência
encaminhais as experiências da vida humana
de modo a levardes os fiéis à participação do mistério de Cristo,
— fazei que estes vossos filhos,
recebendo com serenidade os bons e os maus momentos da vida,
se esforcem para estar sempre com Cristo
e viver só para ele. R/.

Pai santo, que quisestes fazer da união conjugal
um ensinamento de vida cristã,
— concedei que todos os casados
se transformem em testemunhas
do mistério de amor do vosso Filho no mundo. R/.

Oração da bênção

76. O ministro, de mãos juntas, profere a oração da bênção, escolhendo a fórmula de acordo com as circunstâncias.

a) No aniversário do casamento ou aos 25, 50, 60 anos:

Nós vos louvamos e bendizemos,
Deus criador de todas as coisas,
que no princípio criastes o homem e a mulher
para constituírem uma sociedade de vida e amor;
e também vos agradecemos, Senhor,
porque vos dignastes abençoar o casamento
dos vossos filhos *N.* e *N.*,
para ser uma imagem da união de Cristo com a Igreja.
Olhai, agora, com bondade para eles
e, como lhes preservastes a união em meio a alegrias e tristezas,
assim, renovai neles sempre a aliança nupcial,
aumentando a caridade e reforçando os laços da paz,
a fim de merecerem receber sempre a vossa bênção
(na companhia dos filhos que os rodeiam).
Por Cristo, nosso Senhor.

R/. Amém.

b) Em outras circunstâncias:

Ó Deus, que elevastes a união indissolúvel do casamento
a tão alta dignidade
que veio a transformar-se no sacramento
da união nupcial de Cristo, Vosso Filho, com a Igreja,
olhai com bondade para estes vossos filhos *N.* e *N.*
Eles, unidos pelo vínculo conjugal,
imploram o vosso auxílio
e a intercessão da Virgem Maria,
pois precisam, na prosperidade e na adversidade,
praticar a caridade recíproca,
ajudando-se um ao outro
e conservando com zelo a união dos espíritos
no vínculo da paz.

Senhor, acompanhai-os em seus trabalhos
a fim de favorecê-los,
ficai a seu lado em suas necessidades
a fim de aliviá-los,
sede para eles fonte de alegria
a fim de saciá-los.
Por Cristo, nosso Senhor.

R/. Amém.

Conclusão do rito

77. O ministro conclui o rito fazendo sobre si o sinal-da-cruz, dizendo:

Que Deus encha de alegria e esperança a nossa fé.
A paz de Cristo exulte em nossos corações.
O Espírito Santo derrame os seus dons sobre nós.

Todos respondem:

Amém.

78. É louvável que a celebração se complete com um canto apropriado.

RITO BREVE

79. O ministro diz:

A nossa proteção está no nome do Senhor.

Todos respondem:

R/. Que fez o céu e a terra.

80. Um dos presentes ou o próprio ministro lê um texto da Sagrada Escritura, por exemplo:

Mc 10,8-9 *"Assim já não são dois mas uma só carne. Não separe, pois, o homem, o que Deus uniu".*

Jo 15,9.10.11 *"Permanecei no meu amor. Se guardardes os meus mandamentos, permanecereis no meu amor como eu também guardei os mandamentos de meu Pai e permaneço no seu amor. Disse-vos estas coisas para que minha alegria esteja convosco e a vossa alegria seja completa".*

81. O ministro, de mãos juntas, profere a oração da bênção, escolhendo a fórmula de acordo com as circunstâncias.

a) No aniversário do casamento, ou aos 25, 50 e 60 anos:

Nós vos louvamos e bendizemos,
Deus criador de todas as coisas,
que no princípio criastes o homem e a mulher
para constituírem uma sociedade de vida e amor;
e também vos agradecemos, Senhor,
porque vos dignastes abençoar o casamento
dos vossos filhos *N* e *N.*,
para ser uma imagem da união de Cristo com a Igreja.
Olhai, agora, com bondade para eles
e, como lhes preservastes a união em meio a alegrias e tristezas,
assim, renovai neles sempre a aliança nupcial,
aumentando a caridade e reforçando os laços da paz,
a fim de merecerem receber sempre a vossa bênção
(na companhia dos filhos que os rodeiam).
Por Cristo, nosso Senhor.

R/. Amém.

b) Em outras circunstâncias:

Ó Deus, que elevastes a união indissolúvel do casamento
a tão alta dignidade
que veio a transformar-se no sacramento
da união nupcial de Cristo, vosso Filho, com a Igreja,
olhai com bondade para estes vossos filhos *N.* e *N.*
Unidos pelo vínculo conjugal,
imploram o vosso auxílio
e a intercessão da Virgem Maria,
pois precisam, na prosperidade e na adversidade,
praticar a caridade recíproca,
ajudando-se um ao outro
e conservando com zelo a união dos espíritos
no vínculo da paz;
Senhor, acompanhai-os em seus trabalhos
a fim de favorecê-los,
ficai a seu lado em suas necessidades
a fim de aliviá-los,
sede para eles fonte de alegria
a fim de saciá-los.
Por Cristo, nosso Senhor.

R/. Amém.

III. BÊNÇÃO DE CRIANÇAS

Introdução

82. Podem-se oferecer muitas ocasiões pastorais em que se roga a Deus por crianças batizadas, por exemplo, quando seus pais pedem a bênção do sacerdote para elas, quando se fazem certas festas de crianças, quando se inicia o ano escolar e outras semelhantes. Esta celebração, portanto, deverá ser adaptada às circunstâncias.

83. Os ritos aqui oferecidos podem ser usados por um sacerdote ou por um diácono ou mesmo por um leigo, especialmente catequista ou encarregado da educação das crianças, obedecendo-se a ritos e orações previstos para os leigos.

84. Conservando-se sempre os elementos mais importantes desses ritos, podem-se escolher algumas partes, para adaptar melhor a celebração às condições das famílias e das crianças.

85. Tratando-se da bênção para uma só criança, o ministro deverá proferir a oração da bênção no singular, ou, se for o caso, pode usar o rito breve, indicado no fim dos ritos, nn. 112-114.

BÊNÇÃO DE CRIANÇAS BATIZADAS

Ritos iniciais

86. Reunida a comunidade, pode-se cantar o Sl 112 (113) ou outro canto apropriado. Terminado este, o ministro diz:

Em nome do Pai e do Filho e do Espírito Santo.

Todos fazem o sinal-da-cruz e respondem:

Amém.

87. O ministro saúda as crianças e os presentes, dizendo:

Irmãos, vamos louvar ao Senhor e render graças
a ele que abraçava as crianças
e as abençoava.

Todos respondem:

Bendito seja Deus para sempre!

Ou:

Amém.

88. O ministro prepara as crianças e os presentes para receberem a bênção, com estas palavras ou outras semelhantes:

O Filho de Deus, nosso Senhor, quando veio ao mundo tomou a condição de criança, crescendo em sabedoria, idade e graça diante de Deus e diante dos homens. Mais tarde, ele mesmo recebia afavelmente e abençoava as crianças, chegando a propô-las como exemplo para os que buscam verdadeiramente o reino de Deus. Mas nós sabemos que as crianças necessitam da ajuda das pessoas adultas para chegarem ao ponto de um feliz amadurecimento humano e cristão, através do desenvolvimento de suas verdadeiras disposições morais e intelectuais, como também de suas qualidades físicas. Vamos, portanto, invocar sobre elas a bênção divina, para que nós também possamos ocupar-nos com entusiasmo de sua educação e para que elas venham a aceitar com boa vontade a devida disciplina.

Leitura da Palavra de Deus

89. Em seguida, o leitor, um dos presente ou o próprio ministro, lê um texto da Sagrada Escritura.

Mc 10,13-16 *"Jesus abençoava as crianças"*.

Irmãos, vamos ouvir as palavras do santo Evangelho escrito por Marcos.

Apresentaram-lhe umas crianças para afagá-las, mas os discípulos os repreendiam. Vendo, Jesus se aborreceu e lhes disse: "Deixai vir a mim as criancinhas e não as impeçais, porque delas é o reino de Deus. Em verdade vos digo: quem não receber o reino de Deus como uma criança, não entrará nele". E, abraçando-as, as abençoava, impondo-lhes as mãos.

90. Ou:

Mt 18,1-5.10 *"E aquele que receber uma criança recebe a mim"*.

Irmãos, vamos ouvir as palavras do santo Evangelho escrito por Mateus.

Naquele tempo, aproximaram-se de Jesus os discípulos dizendo: "Quem será o maior no reino dos céus?" Jesus, chamando uma criança, colocou-a no meio deles, e lhes disse: "Em verdade vos digo, se não vos converterdes e não vos fizerdes como crianças, não entrareis no reino dos céus. Pois aquele que se fizer humilde como esta criança, será o maior no reino dos céus. E quem por amor de mim receber uma criança destas, é a mim que recebe".

91. Ou:

Mt 19,13-15 *"Deixai as crianças virem a mim"*.

Naquele momento, foram trazidas crianças a Jesus...

Mt 21,14-16 *"Da boca dos pequeninos e das criancinhas preparaste um louvor"*.

Aproximaram-se dele, no Templo, cegos e coxos...

Lc 2,46-52 *"Jesus crescia em sabedoria, em estatura e em graça"*.

Três dias depois, Maria e José encontraram o menino Jesus no Templo...

92. O que preside a celebração dirige, se for oportuno, algumas palavras aos presentes, explicando a leitura bíblica, para levá-los a entender pela fé o sentido da celebração. A exortação deverá ser breve e ajustada à capacidade das crianças, mas de modo a poderem também os adultos tirar proveito dela.

93. Após a leitura ou após a exortação, pode-se cantar um salmo, um hino ou outro canto do conhecimento das crianças.

Sl 99 (100),2.3.4.5

R/. (3c) Nós somos seu povo e seu rebanho.

Sl 150,1-2.3-4.5

R/. (5c) Tudo cante os louvores do Senhor!

Preces

94. Segue-se a oração comum. Dentre as intercessões propostas, o ministro poderá escolher as que julgar mais apropriadas, ou acrescentar outras condizentes com as circunstâncias e condições particulares das crianças.

Oferecem-se aqui dois esquemas, sendo o segundo um modelo de preces, a que as crianças podem responder bem como acrescentar suas intenções.

A. Vamos invocar o Senhor Jesus, que colocou para todos os seus seguidores a simplicidade e a docilidade das crianças como condição para entrarem no reino dos céus e digamos:

R/. Ensinai-nos, Senhor, a vos receber nas crianças!

Senhor Jesus,
que, nascendo da Virgem,
santificastes também a infância,
— fazei que estas crianças,
seguindo o vosso exemplo,
cresçam em sabedoria, idade e graça. R/.

Senhor Jesus,
que mostrais às crianças
a suavidade do vosso amor
por meio de seus pais e da Igreja,
— fazei que todos os educadores
trabalhem com zelo na sua formação humana. R/.

Senhor Jesus,
que nos fizestes renascer
todos no batismo, para uma nova infância,
e nos abristes a porta da casa do vosso Pai,
— fazei que vos sigamos sempre com docilidade
aonde quer que desejais nos conduzir. R/.

Senhor Jesus,
que, ainda na infância,
sofrestes perseguição e exílio,
— fazei que todas as crianças
oprimidas pela maldade dos homens e pelos reveses dos tempos
obtenham auxílio e segurança. R/.

95.

B. Senhor Jesus, que recebestes e abençoastes as crianças, escutai com bondade as nossas preces:

Senhor, escutai a nossa prece.

Defendei-nos de todos os perigos.

Senhor, escutai a nossa prece.

Orientai nossa vida e nossa educação.

Senhor, escutai a nossa prece.

Fazei que também nós cresçamos
em sabedoria, idade e graça,
diante do Pai e diante dos homens.

Senhor, escutai a nossa prece.

Ajudai a todas as crianças da nossa idade.

Senhor, escutai a nossa prece.

Ensinai-nos a agradecer-vos
por todos os favores de vossa bondade.

Senhor, escutai a nossa prece.

Abençoai nossos pais, nossos amigos e benfeitores.

Senhor, escutai a nossa prece.

96. O ministro diz, de mãos juntas:

Senhor Jesus Cristo,
que tivestes tanto amor às crianças
a ponto de dizerdes:

"Quem receber uma criança em meu nome a mim recebe",
atendei os nossos pedidos por estas crianças
(este menino/esta menina),
e guardai sempre sob a vossa proteção,
os(as), o(a) que receberam (recebeu) a graça do batismo,
a fim de que, quando crescerem (crescer),
vos reconheçam (reconheça) com fé livremente aceita,
sejam (seja) fervorosos (o, a) na caridade
e perseverem (persevere) corajosamente na esperança do
Reino.
Vós, que viveis e reinais para sempre.

R/. Amém.

97. Após a oração da bênção, o ministro poderá aspergir água benta sobre as crianças, dizendo, se for oportuno:

Que esta água nos lembre o nosso batismo
e o Cristo que nos salvou por sua morte e ressurreição.

R/. Amém.

98. O ministro faz o sinal-da-cruz e conclui o rito, dizendo:

O Senhor Jesus, que amou as crianças,
nos abençoe e nos conserve em seu amor.

Todos respondem:

Amém.

99. É louvável que a celebração se complete com um canto apropriado.

BÊNÇÃO DE CRIANÇA AINDA NÃO BATIZADA

100. Na ocasião em que um grupo se reúne para preparar a celebração de batizado próximo, poderá ser oportuno dar uma bênção especial à criança ainda não batizada, como a um catecúmeno. Assim, na praxe pastoral, pode-se melhor explicar a significação da cruz, que o ministro e os pais traçam sobre a criança, querendo isso dizer que ela está armada com o sinal da salvação, já está dedicada a Deus e preparada para receber o batismo.

101. O rito aqui apresentado pode também ser usado por um diácono ou por um leigo, especialmente pelo catequista.

Ritos iniciais

102. Reunida a família, o ministro diz:

Em nome do Pai e do Filho e do Espírito Santo.

Todos fazem o sinal-da-cruz e respondem:

Amém.

103. O ministro saúda a criança e os presentes, dizendo:

Irmãos, vamos louvar o Senhor e render graças
a ele que abraçava as crianças
e as abençoava.

Todos respondem:

Bendito seja Deus para sempre.

Ou:

Amém.

104. O ministro prepara os presentes para a celebração com estas palavras ou outras semelhantes:

O Filho de Deus, nosso Senhor, quando veio ao mundo tomou a condição de criança, crescendo em sabedoria, idade e graça diante de Deus e diante dos homens. Mais tarde, ele mesmo recebia afavelmente e abençoava as crianças, chegando a propô-las como exemplo para os que buscam verdadeiramente o reino de Deus. Mas nós sabemos que as crianças necessitam de ajuda das pessoas adultas para chegarem ao ponto de um feliz amadurecimento humano e cristão, através do desenvolvimento de suas verdadeiras disposições morais e intelectuais, como também de suas qualidades físicas. Vamos, portanto, invocar sobre elas a bênção divina, para que nós também possamos ocupar-nos com entusiasmo de sua educação e para que elas venham a aceitar com boa vontade a devida disciplina.

Leitura da Palavra de Deus

105. Em seguida, um dos presentes ou o próprio ministro lê um texto das Sagradas Escrituras, escolhido de preferência dentre os indicados no Rito do Batismo de Crianças e no Rito da Iniciação Cristã dos Adultos[4]. Escolha-se a leitura que pareça mais adequada para preparar bem os pais ao batizado do filho.

Mc 10,13-16 *"Jesus abençoava as crianças"*.

Irmãos, vamos ouvir as palavras do santo Evangelho escrito por Marcos.

Apresentaram-lhe umas crianças para afagá-las, mas os discípulos os repreendiam. Vendo, Jesus se abor-

---

4. Cf. *Rituale Romanum*, Rito do Batismo de Crianças, nn. 186-215; Rito da Iniciação Cristã dos Adultos, n. 388, *Missale Romanum*, Ordo Lectionum Missae (A Palavra de Deus na Missa), nn. 751-763.

receu e lhes disse: "Deixai vir a mim as criancinhas e não as impeçais, porque delas é o reino de Deus. Em verdade vos digo: quem não receber o reino de Deus como uma criança, não entrará nele". E, abraçando-as, as abençoava, impondo-lhes as mãos.

106. O que preside a celebração dirige, se for oportuno, algumas palavras aos presentes, explicando a leitura bíblica, para levá-las a entender pela fé o sentido da bênção.

107. Após a leitura ou após a exortação, pode-se cantar um salmo, um hino ou outro canto.

Sl 150,1-2.3-4.5

R/. Tudo cante os louvores do Senhor!

Preces

108. Segue-se a oração comum. Dentre as intercessões propostas, o ministro poderá escolher as que julgar mais apropriadas ou acrescentar outras, condizentes com as circunstâncias e condições particulares da criança.

Vamos invocar o Senhor Jesus, que colocou para todos os seus seguidores a simplicidade e a docilidade das crianças como condição para entrarem no reino dos céus e digamos:

R/. Ensinai-nos, Senhor, a vos receber nas crianças!

Senhor Jesus,
que quereis novos filhos para a Igreja,
não nascidos do sangue nem da carne,
mas nascidos de Deus,
—fazei que, durante o tempo em que se espera o batismo,

haja uma preparação cuidadosa para a sua celebração.
R/.

Senhor Jesus,
que mostrais a esta criança
a suavidade do vosso amor
por meio de seus pais e da Igreja,
— fazei que todos os educadores e auxiliares
trabalhem com zelo na sua formação humana. *R/.*

Senhor Jesus,
que nos fizestes renascer
todos no batismo para uma nova infância,
e nos abristes a porta da casa do vosso Pai,
— fazei que vos sigamos sempre com docilidade
aonde quer que desejeis nos conduzir. *R/.*

Senhor Jesus,
que, ainda na infância,
sofrestes perseguição e exílio,
— fazei que todas as crianças
oprimidas pela maldade dos homens e pelos reveses dos tempos
obtenham auxílio e segurança. *R/.*

Oração da bênção

109. O ministro, de mãos juntas, reza a oração da bênção:

Ó Deus, Pai todo-poderoso,
fonte de bênçãos das crianças,
que com o dom dos filhos
enriqueceis e encheis de alegria a união conjugal,
olhai com bondade para esta criança,
que irá renascer pela água e pelo Espírito Santo
e dignai-vos aceitá-la em vosso rebanho,

para que, quando receber o dom do batismo,
venha a tornar-se herdeira do vosso reino
e aprender a bendizer-vos.
Por Cristo, nosso Senhor.

R/. Amém.

110. O ministro e os pais traçam o sinal-da-cruz sobre a fronte da criança, em silêncio.

Conclusão do rito

111. O ministro conclui o rito, fazendo sobre si o sinal-da-cruz, dizendo:

O Senhor Jesus, que amou as crianças,
nos abençoe e nos guarde em seu amor.

Todos respondem:

Amém.

RITO BREVE

112. O ministro diz:

A nossa proteção está no nome do Senhor.

Todos respondem:

R/. Que fez o céu e a terra.

113. Um dos presentes ou o próprio ministro, lê um texto da Sagrada Escritura, por exemplo:

Mc 10,14 *"Deixai vir a mim as criancinhas e não as impeçais, porque delas é o reino de Deus".*

Mt 18,3 *"Em verdade vos digo, se não vos converterdes e não vos fizerdes como crianças, não entrareis no reino dos céus".*

Mt 18,5 *"E quem por amor de mim receber uma criança destas, é a mim que recebe".*

1Cor 14,20 *"Irmãos, não sejais crianças no modo de julgar. Na malícia, sim, sede crianças. Mas no julgamento sede homens".*

114. O ministro, de mãos juntas, reza a oração apropriada da bênção.

a) Para uma criança já batizada:

Senhor Jesus Cristo,
que tivestes tanto amor às crianças
a ponto de dizerdes:
"Quem receber uma criança em meu nome a mim recebe",
atendei os nossos pedidos por esta criança
e guardai sempre, sob a vossa proteção,
o(a) que recebeu a graça do batismo,
a fim de que, quando crescer,
vos reconheça com fé livremente aceita,
seja fervoroso (fervorosa) na caridade
e persevere corajosamente na esperança do vosso Reino.
Vós, que viveis e reinais para sempre.

R/. Amém.

b) Para uma criança ainda não batizada:

Ó Deus, Pai todo-poderoso,
fonte de bênçãos e defensor das crianças,

que com o dom dos filhos
enriqueceis e encheis de alegria a união conjugal,
olhai com bondade para esta criança,
que irá renascer pela água e pelo Espírito Santo,
e dignai-vos aceitá-la em vosso rebanho,
para que, quando receber o dom do batismo,
venha a tornar-se herdeira do vosso reino
e aprender a bendizer-vos conosco na Igreja.
Por Cristo, nosso Senhor.

R/. Amém.

IV. BÊNÇÃO DE FILHOS

Introdução

115. Conforme o testemunho do Evangelho, as crianças eram levadas a Jesus para que ele as abençoasse e lhes impusesse as mãos. Os pais cristãos também desejam para seus filhos esse tipo de bênção; e, até mesmo na tradição de muitos povos, tem grande importância a bênção dos filhos dada pelos próprios pais. A bênção pode realizar-se em circunstâncias particulares da vida dos filhos ou quando a família se reúne para a oração ou para a meditação da Sagrada Escritura.

116. Se por acaso houver sacerdote ou diácono, especialmente por ocasião da visita que os pastores costumam fazer, em datas preestabelecidas para abençoar as famílias, cabe a eles de preferência este ministério da bênção.

117. O rito, portanto, que aqui se propõe, pode ser usado tanto pelos pais quanto pelo sacerdote ou diácono; assim, mantidos os elementos principais e a estrutura do rito, eles poderão adaptar as partes às circunstâncias.

118. Se, porém, a bênção ao filho ou filhos tiver de ser dada em outra celebração, pode-se utilizar a fórmula breve, indicada no fim deste rito, n. 133.

119. Tratando-se de dar a bênção a um filho doente, pode-se usar o rito indicado no Capítulo II, nn. 230-232.

RITO DA BÊNÇÃO

Ritos iniciais

120. Reunida a família, o que preside a celebração diz:

Em nome do Pai e do Filho e do Espírito Santo.

Todos fazem o sinal-da-cruz e respondem:

Amém.

121. O presidente saúda os presentes, dizendo:

Irmãos, vamos louvar a Deus Pai,
que nos fez seus filhos adotivos.

Todos respondem:

A ele a glória para sempre.

Ou:

Amém.

122. O que preside a celebração prepara os filhos da família e os presentes para a bênção com estas palavras ou outras semelhantes:

Com muita propriedade o salmo compara os filhos, numa família, com os rebentos de oliveira em redor da mesa; porque eles não apenas são sinal auspicioso da bênção divina, como também atestam a presença eficaz do próprio Deus que, enquanto concede a fecundidade em filhos, multiplica e aumenta a alegria na família. Portanto, não basta ter o maior respeito para com os filhos, mas é preciso educá-los desde logo no amor e no temor de Deus, para que, conscientes de seus deveres, progridam em sabedoria e graça. Assim, preparados para pensar e fazer tudo que há de bom, verdadeiro e santo, se tornem testemunhas de Cristo no mundo e mensageiros do seu Evangelho.

Leitura da Palavra de Deus

123. Em seguida, um dos presentes, ou o mesmo que preside à celebração, lê um texto das Sagradas Escrituras:

Mt 19,13-15 *"Deixai as crianças virem a mim!"*

Irmãos, vamos ouvir as palavras do santo Evangelho escrito por Mateus.
 Então lhe foram apresentadas umas crianças para que lhes impusesse as mãos e rezasse sobre elas. Os discípulos, porém, as afastavam. Disse-lhes Jesus: "Deixai vir a mim as criancinhas e não as impeçais, porque delas é o reino dos céus". E depois de impor-lhes as mãos, partiu dali.

124. Ou:

Tb 4,5-7.19 *"Meu filho, lembra-te desses meus mandamentos".*

Irmãos, vamos ouvir as palavras do livro de Tobias.
 Meu filho, lembra-te do Senhor todos os dias. Não

concordes jamais em pecar e em transgredir os mandamentos. Pratica a justiça todos os dias de tua vida e não trilhes os caminhos da injustiça. Porquanto, seguindo a verdade, obterás êxito em teus trabalhos, assim como todos os que praticam a justiça. Tira de teus bens para dar esmola. Que teu olho não te inveje, quando deres esmola. Não desvies tua face de nenhum pobre, e assim não se desviará de ti a face de Deus. Em todas as circunstâncias bendize o Senhor Deus. Pede-lhe que se tornem retos os teus caminhos e tenham êxito todos os teus roteiros e teus planos. Pois nenhum povo possui o conselho; mas é o Senhor quem dá todos os bens. Segundo sua vontade, ele exalta ou humilha, até as profundezas do Hades. Portanto, meu filho, lembra-te desses meus mandamentos, e não permitas que se apaguem do teu coração.

125. Ou:

Pr 4,1-7 *"Escutai, filhos, a correção paterna".*

Irmãos, vamos ouvir as palavras do livro dos Provérbios.
    Escutai, filhos, a correção paterna, atendei, para aprender a prudência: pois transmito-vos uma boa doutrina, não abandoneis minhas instruções! Também eu fui filho de meu pai, filho único e mimado de minha mãe. Ele me ensinava e dizia: Conserva minhas palavras em teu coração, guarda meus preceitos e viverás! Adquire sabedoria, adquire prudência, e não te esqueças nem te desvies das palavras de minha boca! Não a abandones e ela te guardará; ama-a e ela te protegerá. Eis o essencial da sabedoria: adquire a sabedoria! Com todos os teus ganhos, adquire a prudência!

126. Ou:

Mt 18,1-5.10 *"E quem por amor de mim receber uma criança destas, é a mim que recebe".*

Naquele momento, aproximaram-se... é a mim que recebe... Cuidai de não desprezar...

127. Pode-se rezar ou cantar um salmo responsorial ou outro canto apropriado.

Sl 127(128), 1-2.3.4-6a

R/. (4) Será assim abençoado todo homem, que teme o Senhor.

Ou:

R/. (cf. 1) Feliz és tu que temes o Senhor.

128. O que preside, se for oportuno, dirige algumas palavras aos presentes, explicando a leitura bíblica para levá-los a entender pela fé o sentido da celebração.

Preces

129. Segue-se a oração comum. Dentre as intercessões propostas, o que preside poderá escolher as que julgar mais apropriadas ou acrescentar outras condizentes com as circunstâncias particulares.

Elevemos nossas súplicas a Deus todo-poderoso, que o Senhor Jesus nos ensinou a invocar como nosso Pai, e digamos:

R/. Pai santo, protegei os vossos filhos.

Pai de bondade, que tanto amastes os homens
a ponto de entregar o vosso Filho unigênito,
— protegei e defendei
estes vossos filhos renascidos pela batismo. R/.

Pai de bondade, que tivestes toda complacência em vosso amado Filho,
— fazei-nos cumprir fielmente todos os nossos deveres, no mundo e na Igreja. R/.

Pai de bondade, que confiastes o vosso Filho, infante e adolescente,
à santíssima guarda de Maria e de José,
— concedei que estes filhos
em tudo cresçam para ele. R/.

Pai de bondade, que tendes amor especial
pelos deserdados da sorte,
— fazei que todas as crianças carentes de afeto familiar possam sentir o calor da vossa paternidade
com a ajuda da comunidade cristã. R/.

Oração da bênção

130. Os pais, se for oportuno, traçando o sinal-da-cruz na fronte dos filhos, rezam a oração da bênção:

Pai santo, fonte inesgotável da vida
e autor de todos os bens,
nós vos bendizemos e vos damos graças,
pois quisestes alegrar com o dom dos filhos
a união do nosso amor.
Concedei, nós vos pedimos,
que estes membros jovens da família
encontrem seu caminho na sociedade familiar,
onde possam desenvolver as melhores aspirações
e chegar um dia, com a vossa ajuda,
à meta final por vós estabelecida.
Por Cristo, nosso Senhor.

R/. Amém.

131. Não sendo os pais, os ministros rezam esta oração da bênção:

Senhor Jesus Cristo,
que tivestes tanto amor às crianças
a ponto de dizerdes:
"Quem receber uma criança em meu nome a mim recebe",
atendei os nossos pedidos por estas crianças,
(este menino/esta menina),
e guardai sempre sob a vossa proteção,
os(o/a) que receberam (recebeu) a graça do batismo,
a fim de que, quando crescerem (crescer),
vos reconheçam (reconheça) com fé livremente aceita,
sejam (seja) fervorosos na caridade
e perseverem (persevere) corajosamente na esperança do Reino.
Vós, que viveis e reinais para sempre.

R/. Amém.

Conclusão do rito

132. Os pais, fazendo em si mesmos o sinal-da-cruz, concluem o rito, dizendo:

O Senhor Jesus, que amou as crianças,
nos abençoe e nos guarde em seu amor.

O ministro leigo usa esta mesma fórmula.
Todos respondem:

Amém.

Fórmula breve

133. Conforme as circunstâncias, pode-se usar uma fórmula breve de bênção:

O Senhor te (vos) proteja
e te (vos) faça crescer em seu amor,
a fim de que possas (possais) corresponder dignamente
à vocação a que foste chamado (fostes chamados).

R/. Amém.

V. BÊNÇÃO DE NOIVOS

Introdução

134. Entre os deveres dos cônjuges cristãos e as formas do seu apostolado, além da educação dos filhos, parece ter não pequena importância a ajuda aos noivos para se prepararem bem ao casamento.
    Eis por que um noivado digno de consideração entre cristãos se torna para duas famílias um acontecimento especial, que merece ser celebrado com algum rito e oração comum, para que a bênção divina acompanhe o feliz início e, a seu tempo, a feliz consumação.
    Para seu melhor desempenho, a celebração deverá adaptar-se às circunstâncias.

135. Quando se celebra o noivado na intimidade de duas famílias, um dos pais ou uma das mães poderá, se for oportuno, presidir o rito da bênção. Havendo, porém, a presença de sacerdote ou diácono, cabe-lhes de preferência presidir o ato, contanto que fique claro aos presentes não se tratar de celebração de casamento.

136. O rito, aqui oferecido, pode ser usado tanto por pais como por sacerdote ou diácono ou leigo; todos, conservando os elementos principais e a estrutura do rito, deverão adaptar as partes às circunstâncias.

137. Este rito de celebração pode também ser usado quando os noivos, já engajados desde algum tempo, se reúnem para a preparação do casamento. Mas nunca se deve unir o noivado ou bênção especial de noivos com a celebração da missa.

RITO DA BÊNÇÃO

Ritos iniciais

138. Reunidas as famílias, o que preside à celebração diz:

Em nome do Pai e do Filho e do Espírito Santo.

Todos fazem o sinal-da-cruz e respondem:

Amém.

139. O ministro saúda os presentes, dizendo:

Irmãos, vamos louvar a nosso Senhor Jesus Cristo, que nos amou e se entregou por nós.

Todos respondem:

Amém.

140. O ministro prepara os presentes para receberem a bênção com estas palavras ou outras semelhantes:

Sabemos que todos nós, a todo momento temos necessidade da graça de Deus; e os fiéis cristãos não ignoram também que a graça de Deus é ainda mais necessária quando eles se preparam para constituir uma nova família.

Vamos, portanto, implorar a bênção divina sobre estes nossos irmãos, para que cresçam na estima um do outro, se amem com sinceridade e se tornem castamente maduros para a celebração do seu matrimônio, através de um respeitoso intercâmbio de vida e da oração em comum.

Leitura da Palavra de Deus

141. Um dos presentes ou o próprio ministro lê um texto das Sagradas Escrituras:

Jo 15,9-12 *"Este é o meu mandamento: amai-vos uns aos outros como eu vos amei".*

Irmãos, vamos ouvir as palavras do santo Evangelho, narrado por João.

Como o Pai me ama, assim também eu vos amo. Permanecei no meu amor. Se guardardes os meus mandamentos, permanecereis no meu amor como eu também guardei os mandamentos de meu Pai e permaneço no seu amor. Disse-vos estas coisas para que minha alegria esteja convosco e a vossa alegria seja completa. Este é o meu mandamento: amai-vos uns aos outros, como eu vos amei.

142. Ou:

1Cor 13,4-13 *"A caridade tudo crê, tudo espera, tudo tolera".*

Irmãos, vamos ouvir as palavras de São Paulo aos Coríntios.

A caridade é paciente, a caridade é benigna, não é invejosa; a caridade não é orgulhosa, não se ensoberbece; não é descortês, não é interesseira, não se irrita, não guarda rancor; não se alegra com a injustiça mas se compraz com a verdade; tudo desculpa, tudo crê, tudo espera, tudo tolera. A caridade nunca acabará; as profecias? terão fim; as línguas? cessarão; a ciência? terminará. Pois nosso conhecimento é imperfeito e assim também a profecia. Mas quando chegar a consumação, desaparecerá o imperfeito. Quando era criança, falava como criança, raciocinava como criança; quando cheguei a ser homem, deixei as coisas de criança agora inúteis. No presente vemos por um espelho e obscuramente; então veremos face a face. No presente conheço só em parte; então conhecerei como sou conhecido. No presente permanecem estas três: fé, esperança e caridade; delas, porém, a mais excelente é a caridade.

143. Ou:

Os 2,21-26 *"Eu te desposarei a mim na fidelidade"*.

Diz o Senhor a Sião: "Eu te desposarei a mim...".

Fl 2,1-5 *"Num só pensamento"*.

Irmãos, pelo conforto que há em Cristo...

144. Pode-se rezar ou cantar um salmo responsorial, ou outro canto apropriado.

Sl 144(145), 8-9.10.15.16-18

R/. (9a) O Senhor é muito bom para com todos.

145. O presidente dirige breves palavras aos presentes, explicando a leitura bíblica, para levá-los a entender pela fé o sentido desta celebração e a distingui-la claramente da celebração do casamento.

Preces

146. Segue-se a oração comum. Dentre as intercessões propostas, o presidente poderá escolher as que julgar mais apropriadas ou acrescentar outras palavras, condizentes com as circunstâncias particulares.

Vamos invocar com confiança a Deus Pai, que amou os homens a ponto de transformá-los em filhos seus em Cristo e apontá-los ao mundo como testemunhas do seu amor e digamos:

R/. Senhor, fazei que vos tenhamos um amor constante.

Senhor nosso Pai, que quisestes fossem
os vossos verdadeiros filhos, irmãos de Cristo,
identificados pelo amor recíproco. *R/.*

Senhor nosso Pai, que impondes aos homens
suaves exigências do vosso amor,
para que, seguindo-as,
encontrem a felicidade. *R/.*

Senhor nosso Pai, que unis o homem e a mulher
no amor recíproco,
para que a família, assim constituída,
transborde de alegria nos filhos. *R/.*

Senhor nosso Pai, que fizestes do amor dos esposos,
na plenitude do sacramento do matrimônio,
a figura mística da oblação pascal,

pela qual Cristo, vosso Filho, amou a Igreja
e, derramando o seu sangue, vo-la entregou imaculada.
R/.

Senhor nosso Pai, que chamastes N. e N.
para uma plena união de amor,
capaz de transformá-los em membros de uma família cristã,
com um só coração e uma só alma. R/.

147. Antes da oração da bênção, os noivos poderão, conforme os costumes do lugar, expressar um sinal de promessa, por exemplo, assinatura de documento, entrega de alianças ou de outros presentes.

148. Podem-se benzer as alianças ou outros presentes de noivado, com a seguinte fórmula:

Deveis conservar de tal modo os objetos mutuamente presenteados que,
a seu tempo, venhais a cumprir
tudo que prometestes com esta doação recíproca.

R/. Amém.

Oração da bênção

149. O que preside a celebração, de mãos juntas, reza a oração:

Nós vos louvamos, Senhor nosso Deus;
que suavemente chamastes e destinastes
estes vossos filhos N. e N.
a se amarem reciprocamente;
dignai-vos confirmar os seus corações
para que eles, conservando a fé
e procurando agradar-vos em tudo,

tenham a felicidade de chegar ao sacramento do matrimônio.
Por Cristo, nosso Senhor.

R/. Amém.

Conclusão do rito

150. O que preside a celebração conclui o rito, dizendo:

O Senhor, Deus de amor e de paz,
habite em vós,
oriente os vossos passos
e confirme os vossos corações em seu amor.

Todos:

Amém.

151. É louvável que a celebração se complete com um canto apropriado.

VI. BÊNÇÃO ANTES OU DEPOIS DO PARTO

Introdução

152. Pode-se realizar a bênção antes do parto de uma só mulher, especialmente em meio à sua família ou para mais de uma, em casas de saúde ou maternidades. Neste caso, devem-se proferir as fórmulas no plural.

153. A bênção após o parto aqui oferecida, diz respeito somente ao caso de uma mulher que não pôde participar do batizado do filho; por isso se realiza singularmente.

154. Os ritos oferecidos podem ser usados por sacerdote, por diácono e mesmo por leigo; conservando os elementos principais e a estrutura do rito, eles deverão adaptar a celebração às condições das mulheres e às circunstâncias dos lugares.

155. Os ministros leigos nunca usarão fórmulas breves de bênçãos, reservadas para os ministros ordenados, mas presidirão celebrações de bênçãos sempre inseridas ao menos numa breve celebração da Palavra de Deus, como nos ritos breves.

BÊNÇÃO ANTES DO PARTO

Ritos iniciais

156. Reunida a família ou a comunidade dos fiéis, o ministro diz:

Em nome do Pai e do Filho e do Espírito Santo.

Todos fazem o sinal-da-cruz e respondem:

Amém.

157. O ministro saúda a mulher e os presentes, dizendo:

Irmãos, vamos bendizer o Senhor Jesus,
que se fez homem
no seio da Virgem Maria.

Todos respondem:

Bendito seja Deus para sempre.

Ou:

Amém.

158. O ministro prepara a mulher e os presentes para receberem a bênção, com as palavras seguintes, ou semelhantes:

Deus é o senhor de toda vida; ele decide que cada homem exista, governa e conserva com sua providência a vida e a existência de todas as coisas. E nós sabemos pela fé que isso é tanto mais verdade quando se trata de uma vida nascida do casamento cristão, destinada a receber, a seu tempo, o dom da vida divina no sacramento do batismo. O que se deseja realçar realmente com a bênção da mulher antes do parto, é que ela viva, na fé e na esperança, a expectativa do seu momento de dar à luz e, em cooperação com o amor divino, passe a sentir desde já amor maternal pelo fruto que está produzindo.

Leitura da Palavra de Deus

159. O leitor, um dos presentes ou o próprio ministro, lê um texto da Sagrada Escritura:

Lc 1,39-45 *"A criança estremeceu-lhe no seio..."*

Irmãos, vamos ouvir as palavras do santo Evangelho escrito por Lucas.

Naqueles dias Maria se pôs a caminho e foi apressadamente às montanhas para uma cidade de Judá. Entrou em casa de Zacarias e saudou Isabel. E aconteceu que, mal Isabel ouviu a saudação de Maria, a criança estremeceu-lhe no seio, e cheia do Espírito Santo exclamou em voz alta: "Bendita és tu entre as mulheres e bendito o fruto de teu ventre! Donde me vem a honra de vir a mim a mãe de meu Senhor? Porque assim que ecoou em meus ouvidos a voz de tua saudação, a criança estremeceu de alegria em meu seio. Feliz aquela que teve fé no cumprimento do que lhe foi dito da parte do Senhor".

160. Ou:

Lc 1,26-38 *"Eis que conceberás e darás à luz um filho".*

No sexto mês, o anjo Gabriel foi enviado por Deus...

Lc 2,1-14 *"E Maria deu à luz o seu filho".*

Naqueles dias apareceu um edito de César Augusto...

161. Se for oportuno, pode-se rezar ou cantar um salmo responsorial, ou outro canto apropriado.

Sl 32(33), 12.18.20-21.22

R/. (5b) Transborda em toda a terra a sua graça.

162. O ministro, se for oportuno, dirige algumas palavras aos presentes, explicando a leitura bíblica, para levá-los a entender pela fé o sentido da celebração.

Preces

163. Segue-se a oração comum. Dentre as intercessões propostas, o ministro poderá escolher as que julgar mais apropriadas ou acrescentar outras condizentes com as condições da mulher ou as circunstâncias.

Vamos erguer louvores ao Cristo Senhor, bendito fruto do ventre de Maria, que se dignou, pelo mistério de sua encarnação, trazer ao mundo graça e bondade e digamos:

R/. Bendito sois, Senhor, por vossa bondade.

Senhor, que quisestes fazer-vos homem através da mulher,
para podermos receber a adoção de filhos. R/.

Senhor, que não recusastes o seio de uma mãe,
ao contrário, quisestes fosse proclamada a bem-aventurança do ventre que vos carregou e dos seios que vos amamentaram. R/.

Senhor, que, através da Virgem Maria,
bendita entre as mulheres,
quisestes honrar o sexo feminino. R/.

Senhor, que, quando
destes por mãe à Igreja, Maria,
que tínheis escolhido para vossa. R/.

Senhor, que, através da missão das mães,
promoveis nova geração de filhos na vossa Igreja,
multiplicando o regozijo
e aumentando a alegria de todos. R/.

Oração da bênção

164. O ministro, de mãos juntas, reza a oração da bênção:

Senhor Deus, criador do gênero humano,
cujo Filho, por obra e poder do Espírito Santo,
dignou-se nascer da Virgem Maria

para remir e salvar os homens
pela expiação da dívida da antiga culpa,
recebei as súplicas,
que esta vossa filha vos dirige
pela saúde da criança, que há de nascer
e concedei
que ela dê à luz tranqüilamente o filho,
desde já destinado a ser um dos vossos fiéis,
servindo-vos em todas as coisas
para merecer a vida eterna.
Por Cristo, nosso Senhor.

R/. Amém.

165. Após a oração da bênção, o ministro convida todos os presentes a invocarem a proteção de Nossa Senhora, podendo fazê-lo com a recitação ou o canto desta antífona ou de outro canto apropriado:

À vossa proteção recorremos,
Santa Mãe de Deus.
Não desprezeis as nossas súplicas em nossas necessidades,
mas livrai-nos sempre de todos os perigos,
ó Virgem gloriosa e bendita.

Para esta invocação da proteção de Nossa Senhora podem-se usar outras orações, por exemplo, a antífona ó **Mãe do Redentor**; a **Ave Maria**; a **Salve Rainha** (Apêndice nn. 2-4).

166. O ministro implora a bênção do Senhor sobre a mulher e sobre os presentes, fazendo em si mesmo o sinal-da-cruz e dizendo:

Deus, que, pelo parto da bem-aventurada Virgem Maria,
anunciou e assegurou ao gênero humano

a alegria da salvação eterna,
nos abençoe e nos guarde.

R/. Amém.

RITO BREVE

167. O ministro diz:

A nossa proteção está no nome do Senhor.

Todos respondem:

R/. Que fez o céu e a terra.

168. Um dos presentes, ou o próprio ministro, lê um texto da Sagrada Escritura, por exemplo:

Is 44,3 *"Pois derramarei água no solo árido e torrentes em terra seca; derramarei meu espírito sobre tua descendência e minha bênção sobre tua prole".*

Lc 1,41-42a *"E aconteceu que, mal Isabel ouviu a saudação de Maria, a criança estremeceu-lhe no seio, e cheia do Espírito Santo exclamou em voz alta: 'Bendita és tu entre as mulheres e bendito o fruto de teu ventre!' ".*

169. Em seguida, o ministro, de mãos juntas, reza a oração de bênção:

Senhor Deus, criador do gênero humano,
cujo Filho, por obra e poder do Espírito Santo,
dignou-se nascer da Virgem Maria
para remir e salvar os homens
pela expiação da dívida da antiga culpa,

recebei propício as súplicas
que esta vossa filha vos dirige
pela saúde da criança, que há de nascer
e concedei
que ela dê à luz tranqüilamente o filho,
desde já destinado a ser um dos vossos fiéis,
servindo-vos em todas as coisas
para merecer a vida eterna.
Por Cristo, nosso Senhor.

R/. Amém.

BÊNÇÃO DEPOIS DO PARTO

170. A bênção da mulher depois do parto está incluída no Rito de Batismo de Crianças[5].

171. Se a parturiente não teve condições de tomar parte da celebração do batizado do filho, é conveniente fazer a bênção, já prevista no próprio rito, em celebração especial, convidando-se a mãe e os presentes para darem graças a Deus pelo benefício recebido.

Ritos iniciais

172. Reunida a família ou a comunidade dos fiéis, o ministro diz:

Em nome do Pai e do Filho e do Espírito Santo.

Todos fazem o sinal-da-cruz e respondem:

Amém.

---

5. Cf. *Rituale Romanum*, Rito de Batismo de Crianças, n. 105.

173. O ministro saúda a mulher e os presentes, dizendo:

Irmãos, vamos bendizer o Senhor Jesus
que, para nossa salvação,
se dignou nascer da Virgem Mãe.

Todos respondem:

Bendito seja Deus para sempre.

Ou:

Amém.

174. O ministro prepara a mulher e os presentes para receberem a bênção, com estas palavras ou outras semelhantes:

Toda a comunidade cristã recebeu com muita alegria o nascimento do teu filho. Por ocasião do batizado, nós rezamos também por ti, para glorificares o Senhor e a Virgem Maria, consciente do dom que recebeste e dos encargos que a Igreja te confiou. Mas agora queremos reunir-nos contigo em ação de graças e com muita alegria, invocando a bênção de Deus sobre ti.

Leitura da Palavra de Deus

175. O leitor, um dos presentes ou o próprio ministro, lê um texto da Sagrada Escritura:

1Sm 1,20-28 *"E o Senhor atendeu o pedido que lhe propus".*

Irmãos, vamos ouvir as palavras do livro de Samuel.
    Pelo fim do ano, Ana concebeu e deu à luz o filho. Chamou-o Samuel, dizendo: "porque o pedi ao Senhor". Quando em seguida o senhor Elcana com toda a família

subiu para oferecer ao Senhor o sacrifício anual e cumprir o voto, Ana não subiu, dizendo ao marido: "Quando o menino for desmamado, eu o levarei e ele se apresentará diante do Senhor, para ficar lá permanentemente". O marido Elcana lhe respondeu: "Faze o que parecer bem aos teus olhos; fica aqui, até o desmamares, contanto que o Senhor cumpra a sua palavra". A senhora, portanto, ficou em casa e amamentou o filho, até o desmamar. Depois que o desmamou, o fez subir consigo, levando um touro de três anos, três arrobas de flor de farinha e um odre de vinho para a casa do Senhor, em Silo; o menino ainda era pequeno. Depois de imolarem o touro, conduziram o menino a Eli. Ana disse: "Com licença, senhor! pela tua vida, meu senhor, eu sou aquela mulher que esteve de pé junto de ti neste mesmo lugar, rezando ao Senhor. É por este menino que eu então rezei, e o Senhor atendeu o pedido que lhe propus. Por minha vez, eu o cedo ao Senhor; enquanto ele viver seja entregue ao Senhor". E ele prostrou-se ali diante do Senhor.

176. Ou:

1Sm 2,1-10 *"Oração de Ana"*.

Então Ana fez esta prece...

Lc 1,67-79 *"Bendito seja o Senhor"*.

E Zacarias, o pai, encheu-se do Espírito Santo...

177. Se for oportuno, pode-se rezar ou cantar um salmo responsorial ou outro canto apropriado.

Sl 127(128), 1-2.3.4-6a

R/. (3c) Os teus filhos são rebentos de oliveira.

178. Após a leitura, o ministro explica brevemente o texto da Sagrada Escritura a fim de que a mãe e os presentes agradeçam a Deus pelo dom recebido e todos assumam a parte que cabe a cada um do dever de dar formação cristã à criança.

Ação de graças

179. Segue-se a ação de graças comum. Dentre as invocações propostas, o ministro pode escolher as que julgar mais apropriadas ou acrescentar outras condizentes com as condições da mulher ou as circunstâncias.

Vamos agradecer ao Senhor nosso Deus pela nova vida que desabrochou
nesta família e lhe digamos:

R/. Obrigado, Senhor.

Pela criancinha,
que quisestes dar a esta mãe. R/.

Pela saúde física, que, por vossa bondade,
gozam a mãe e a criança. R/.

Pelo sacramento do batismo,
com que transformastes o coração da criança em templo do Espírito Santo. R/.

Pela alegria tranqüila,
que vos dignastes infundir no coração de todos
com este nascimento. R/.

Por todos os benefícios,
com que, ó Pai, nos favoreceis continuamente. R/.

180. Em seguida, todos cantam ou rezam o *Magnificat* (cf. Apêndice n. 9). Podem-se também usar outros hinos que expressam apropriadamente a ação de graças.

Oração da bênção

181. O ministro, de mãos juntas, reza a oração da bênção:

Ó Deus, criador e defensor da vida humana,
que vos dignastes conceder a esta vossa filha
a alegria da maternidade,
aceitai os nossos louvores
e atendei às orações com que vos pedimos
defendais de todo mal esta mãe com sua prole,
acompanhando-a sempre nos caminhos da vida
e recebendo-a um dia na felicidade de vossa casa.
Por Cristo, nosso Senhor.

R/. Amém.

182. Ou:

Ó Deus, de onde desce toda bênção
e para onde sobe a humilde oração do que bendiz,
concedei que esta mãe, sustentada por vossa bênção,
saiba render-vos as devidas graças,
e possa, juntamente com a criança,
gozar sempre da vossa proteção.
Por Cristo, nosso Senhor.

R/. Amém.

183. O ministro implora a bênção do Senhor sobre a mulher e todos os presentes, fazendo em si o sinal-da-cruz e dizendo:

A misericórdia de Deus Pai todo-poderoso,

a paz do Filho unigênito Jesus Cristo,
a graça e a consolação do Espírito Santo,
guardem a vossa vida,
para que todos, caminhando à luz da fé,
possais alcançar os bens prometidos por Deus.
E a nós todos abençoe Deus todo-poderoso
Pai e Filho e Espírito Santo.

R/. Amém.

184. É louvável que a celebração se complete com um canto apropriado.

RITO BREVE

185. O ministro diz:

Bendito seja o nome do Senhor.

Todos respondem:

R/. Desde agora e para sempre.

186. Um dos presentes ou o próprio ministro lê um texto da Sagrada Escritura, por exemplo:

1Sm 1,27 *"É por este menino que eu então rezei, e o Senhor atendeu o pedido que lhe propus".*

Lc 1,68-69 *"Bendito o Senhor, Deus de Israel, porque visitou e resgatou seu povo, e suscitou em nosso favor um Salvador poderoso, na casa de Davi, seu servo".*

1Ts 5,18 *"Em todas as circunstâncias dai graças porque esta é a vontade de Deus em Jesus Cristo".*

187. O ministro, de mãos juntas, reza a oração da bênção:

Ó Deus, de quem desce toda bênção
e para quem sobe a humilde oração daquele que vos louva,
concedei que esta mãe, sustentada por vossa bênção,
saiba render-vos as devidas graças,
e possa, juntamente com a criança,
gozar sempre da vossa proteção.
Por Cristo, nosso Senhor.
R/. Amém.

VII. BÊNÇÃO DE PESSOAS IDOSAS EM CASA

Introdução

188. As pessoas idosas e enfraquecidas, que vivem em suas casas ou em asilo especial ou casa de saúde, necessitam de um auxílio fraterno para que se sintam ainda plenamente aceitos na família e na comunidade eclesial. A presente bênção destina-se a que os idosos recebam dos irmãos um testemunho de gratidão e respeito, enquanto junto com eles damos graças ao Senhor pelos benefícios recebidos e pelas boas obras, que com o auxílio de Deus realizaram.

189. O rito aqui oferecido pode ser usado, por sacerdote, por diácono, e mesmo por leigo; conservando os elementos principais e a estrutura do rito, eles deverão adaptar a celebração a cada circunstância.

190. Pode-se também efetuar a bênção dos idosos escolhendo-se alguns elementos deste rito, quando lhes é trazida em casa a Santíssima Eucaristia, mesmo por um acólito ou por outro ministro extraordinário da Sagrada

Comunhão, segundo as normas do direito e os ritos e orações previstos para os leigos.

191. Se a bênção é dada apenas a uma ou outra dessas pessoas, pode-se usar, em outra celebração de bênção, o rito breve que se encontra no fim destes ritos, nn. 207-209.

RITO DA BÊNÇÃO

Ritos iniciais

192. Reunida a família ou a comunidade dos fiéis, o ministro diz:

Em nome do Pai e do Filho e do Espírito Santo.

Todos fazem o sinal-da-cruz, e respondem:

Amém.

193. O ministro saúda os idosos e os presentes, dizendo:

Irmãos, vamos bendizer o Senhor Jesus,
recebido nos braços pelo bem-aventurado Simeão;
carregado pelo ancião, ele mesmo o conduzia.

Todos respondem:

Bendito seja Deus para sempre.

Ou:

Amém.

194. O ministro prepara os idosos e os presentes para receberem a bênção com estas palavras ou outras semelhantes:

A idade avançada é um dom de Deus, que deve ser acolhido com gratidão. Estes nossos irmãos, já adiantados em anos, podem transmitir-nos as riquezas da experiência e da vida cristã. Reunidos com eles, demos graças a Deus e peçamos a ajuda divina, para que eles tenham sempre o moral elevado, feito de esperança e confiança.

Leitura da Palavra de Deus

195. O leitor, um dos presentes ou o próprio ministro, lê um texto da Sagrada Escritura:

Lc 2,25-32.36-38 *"Ele esperava a consolação de Israel".*

Irmãos, vamos ouvir as palavras do santo Evangelho escrito por Lucas.
    Havia em Jerusalém um homem chamado Simeão. Justo e piedoso, esperava a consolação de Israel e o Espírito Santo estava nele. Pelo Espírito Santo fora-lhe revelado que não morreria sem primeiro ver o Cristo do Senhor. Movido pelo Espírito, veio ao Templo. E tendo os pais introduzido o menino Jesus no Templo, a fim de cumprirem a respeito dele o prescrito na Lei, tomou-o em seus braços e louvou a Deus com as palavras: "Agora, Senhor, já podes deixar ir em paz teu servo, segundo a tua palavra, porque meus olhos já viram a salvação, que preparaste diante de todos os povos, a luz para iluminação das nações e para glória de teu povo, Israel".
    Havia também uma profetisa, Ana, filha de Fanuel, da tribo de Aser, de idade muito avançada. Casada ainda bem jovem, viveu sete anos com o marido, quando enviuvou, permanecendo assim até os oitenta e quatro

anos. Não se apartava do Templo, servindo com jejuns e orações dia e noite. Chegando naquela mesma hora, louvava também ela a Deus e falava dele a todos que esperavam a redenção de Jerusalém.

(Se for o caso, bastará a leitura de um trecho do texto acima.)

196. Ou:

Eclo 3,2-18 *"Filho, ampara teu pai na velhice"*.

Filhos, escutai a advertência de um pai...

Eclo 25,5-8.13-16 *"A glória dos anciãos: o temor do Senhor"*.

Como é bela... *13*. Como é grande...

Sb 4,8-9 *"Idade avançada é uma vida sem mancha"*.

A velhice honrada não consiste em vida longa...

Fl 3,20-4,1 *"Esperamos o Salvador"*.

Nós porém somos cidadãos do céu...

197. Se for oportuno, pode-se rezar ou cantar um salmo responsorial ou outro apropriado.

Sl 70(71), 1-2.3-4.5-6.14-15

R/. (12b) Apressai-vos, ó meu Deus, em socorrer-me!

Sl 125(126), 1-2b.2d-3.4-5.6

R/. (3) Sim, maravilhas fez conosco o Senhor, exultemos de alegria!

198. O ministro, se for oportuno, dirige algumas palavras aos presentes, explicando a leitura bíblica, para levá-los a entender o sentido da celebração.

Preces

199. Segue-se a oração comum. Dentre as intercessões propostas, o ministro poderá escolher as que julgar mais apropriadas ou acrescentar outras semelhantes condizentes com as condições dos idosos ou as circunstâncias.

Vamos erguer nossas súplicas a Deus Pai todo-poderoso, que em toda idade nos renova e conforta com a juventude de sua graça e digamos:

R/. Não nos abandoneis, Senhor!

Ó Deus, que na vossa misericórdia revelastes o vosso Filho
a Simeão e Ana,
que esperavam a redenção de Israel,
— concedei que estes vossos filhos
vejam na fé a vossa salvação
e sintam a consolação do Espírito Santo. *R/.*

Ó Deus, que, por vosso Filho,
prometestes repouso e paz
a todos os que sofrem trabalhos e aflições,
— fazei que estes vossos filhos
saibam carregar com paciência sua cruz cada dia. *R/.*

Ó Deus, que ultrapassais sempre
toda bondade e generosidade,
— fazei que os amigos e parentes destes vossos filhos
tragam para eles conforto e afeto. *R/.*

Ó Deus, que não privais ninguém do vosso amor paterno,
e amais os homens com tanto maior afeição
quanto mais humildes os encontrardes,
— concedei que a sociedade humana
saiba reconhecer e respeitar a dignidade das pessoas
idosas. *R/.*

Oração da bênção

200. O ministro, de mãos juntas, reza a oração da bênção.

Senhor, nosso Deus, que a estes vossos fiéis
concedestes a vossa graça em abundância,
para que, entre as vicissitudes da vida,
colocassem em vós sua esperança
e experimentassem o quanto sois bom,
nós vos bendizemos
por os terdes cumulado de favores
durante tão longa série de anos,
e vos pedimos, também,
que eles se renovem pela juventude de espírito,
gozem de boa saúde corporal,
e se esforcem para dar a todos
um agradável exemplo de vida.
Por Cristo, nosso Senhor.

R/. Amém.

201. Ou:

Ó Deus eterno e todo-poderoso,
em vós vivemos, nos movemos e somos.
Nós vos louvamos e agradecemos,
por terdes dado a estes vossos filhos
uma vida longa
com perseverança na fé e em boas obras;

concedei que eles,
confortados pelo carinho dos irmãos,
se alegrem na saúde
e não se deixem abater na doença,
a fim de que, revigorados com a vossa bênção,
consagrem o tempo da idade madura ao vosso louvor.
Por Cristo, nosso Senhor.

R/. Amém.

202. Ou:

Senhor Deus todo-poderoso,
que transmitistes a estes vossos filhos
longa vida,
dignai-vos comunicar-lhes vossa bênção.
Que eles vos sintam sempre a seu lado.
Olhando para o passado, alegrem-se com vossa misericórdia,
e vendo o futuro, perseverem na santa esperança.
Por Cristo, nosso Senhor.

R/. Amém.

203. O ministro, fazendo em si o sinal-da-cruz, implora a bênção do Senhor sobre os idosos e todos os presentes, dizendo:

O Senhor nos abençoe,
nos livre de todo o mal,
e nos conduza à vida eterna.

R/. Amém.

204. É louvável que a celebração se complete com um canto apropriado.

BÊNÇÃO COM COMUNHÃO FORA DA MISSA

205. Se o rito estiver ligado a uma celebração mais longa da Palavra de Deus, pode-se tomar um texto da Sagrada Escritura dentre os indicados nos nn. 195-197.

206. A prece comum pode ser rezada do modo proposto no n. 179 e termina, sempre, com a seguinte oração de bênção que o ministro diz de mãos juntas:

Senhor Deus todo-poderoso,
que transmitistes a estes vossos filhos
vida longa,
dignai-vos comunicar-lhes vossa bênção.
Que eles vos sintam sempre a seu lado.
Olhando para o passado, alegrem-se com vossa misericórdia,
e, vendo o futuro, perseverem na santa esperança.
Por Cristo, nosso Senhor.

R/. Amém.

RITO BREVE

207. O ministro diz:

A nossa proteção está no nome do Senhor.

R/. Que faz o céu e a terra.

208. Um dos presentes ou o próprio ministro lê um texto da Sagrada Escritura, por exemplo:

Sb 4,8 *"A velhice honrada não consiste em vida longa nem se mede pelo número dos anos. Cabelos brancos para os homens são a prudência: idade avançada é uma vida sem mancha".*

Tg 5,7-8 *"Tende, pois, paciência, irmãos, até à vinda do Senhor. Vede o lavrador: espera o fruto precioso da terra e tem paciência até receber a chuva do outono e da primavera. Tende também vós paciência e fortalecei-vos".*

Lc 9,23 *"Dizia a todos: Se alguém quiser seguir-me, negue-se a si mesmo, tome a cruz cada dia e me siga".*

209. Em seguida, o ministro, de mãos juntas, reza a oração da bênção:

Senhor Deus todo-poderoso,
que transmitistes a este vosso filho
longa vida,
dignai-vos comunicar-lhe vossa bênção.
Que ele vos sinta sempre a seu lado.
Olhando para o passado, alegre-se com vossa misericórdia e, vendo o futuro, persevere na santa esperança.
Por Cristo, nosso Senhor.

R/. Amém.

CAPÍTULO II

BÊNÇÃO DE ENFERMOS

Introdução

210. É antiqüíssimo o costume de os ministros da Igreja abençoarem os enfermos, e tem origem no modo de agir de Cristo e dos apóstolos. Os ministros, ao visitarem os doentes, observem cuidadosamente as indicações dos nn. 42-45 do Rito da Unção dos Enfermos e sua Assistência Pastoral, manifestando-lhes antes de tudo solicitude e o amor de Cristo e da Igreja.

211. No rito da Unção dos Enfermos e sua Assistência Pastoral são previstas várias ocasiões para a bênção aos mesmos e são indicadas fórmulas de bênção[1].

212. O rito aqui oferecido pode ser usado por sacerdote, por diácono e mesmo por leigo. Conservando a estrutura do rito e os elementos principais, o ministro deverá adaptar a celebração às condições dos enfermos e às circunstâncias.

213. Se a bênção é dada a um só enfermo em outra celebração de bênção, o sacerdote ou diácono pode usar a fórmula breve que se acha no n. 232, após o rito breve.

---

1. Cf. *Rituale Romanum*, Rito da Unção dos Enfermos e sua Assistência Pastoral, n. 45.

I. RITO DA BÊNÇÃO

PARA ADULTOS

Ritos iniciais

214. Reunida a comunidade, o ministro diz:

Em nome do Pai e do Filho e do Espírito Santo.

Todos fazem o sinal-da-cruz e respondem:

Amém.

215. O ministro saúda os enfermos e os presentes, dizendo:

Irmãos, vamos bendizer ao Senhor,
que passou pelo mundo fazendo o bem
e curando a todos.

Todos respondem:

Bendito seja Deus para sempre.

Ou:

Amém.

216. O ministro prepara os enfermos e os presentes para receberem a bênção, com estas palavras ou outras semelhantes:

O Senhor Jesus, que passou pelo mundo fazendo o bem e curando todas as doenças e enfermidades, ordenou aos seus discípulos que se preocupassem com os enfermos, impusessem-lhes as mãos e os abençoassem em seu nome. Nesta celebração vamos recomendar a Deus os irmãos enfermos, para que eles possam suportar com paciência todas as dores do corpo e do espírito e saibam que, compartilhando os sofrimentos de Cristo, compartilharão também a sua consolação.

Leitura da Palavra de Deus

217. O leitor, um dos presentes ou o próprio ministro, lê um texto das Sagradas Escrituras, escolhido de preferência dentre os indicados no Rito da Unção dos Enfermos e sua Assistência Pastoral e no Lecionário das Missas pelos Enfermos[2]. Escolham-se porém os textos mais coerentes com as condições físicas e espirituais dos enfermos.

2Cor 1,3-7 *"Deus de toda consolação"*.

Irmãos, vamos ouvir as palavras de São Paulo aos Coríntios.

Bendito seja Deus e Pai de nosso Senhor Jesus Cristo, o Pai das misericórdias e Deus de toda a consolação. Ele nos conforta em todas as tribulações para podermos consolar todos os atribulados com o consolo com que somos por Deus consolados. Com efeito, à medida que crescem em nós os sofrimentos de Cristo, crescem também por Cristo as consolações. Se, pois, somos atribulados é para vosso consolo e salvação. Se somos consolados, é para vossa consolação, que vos dá a força para suportardes com paciência os mesmos sofrimentos que sofremos. A nossa esperança a vosso respeito é firme: sabemos que, como sois companheiros de nossas aflições, assim também o sereis de nossas consolações.

---

2. Cf. *Rituale Romanum*, Rito da Unção dos Enfermos e sua Assistência Pastoral, nn. 153-229; *Missale Romanum*, Ordo Lectionum Missae (A Palavra de Deus na Missa), nn. 790-795, 796-800, 933-937.

218. Ou:

Mt 11,28-30 *"Vinde a mim e eu vos aliviarei"*.

Irmãos, vamos ouvir as palavras do santo Evangelho escrito por Mateus.

Vinde a mim todos vós, fatigados e sobrecarregados, e eu vos aliviarei. Tomai sobre os ombros meu jugo e aprendei de mim, que sou manso e humilde de coração, e *achareis descanso para vossas almas*. Pois meu jugo é suave e meu peso é leve.

219. Ou:

Mc 6,53-56 *"Punham os doentes nas ruas"*.

Irmãos, vamos ouvir as palavras do santo Evangelho escrito por Marcos.

Feita a travessia, chegaram a Genesaré e atracaram. Assim que saltaram da barca, logo o reconheceram. Percorrendo toda aquela região começaram a transportar em macas os enfermos para os lugares onde ouviam dizer que Jesus estaria. E onde quer que entrasse, fosse em aldeias, ou em povoados ou nas cidades, punham os doentes nas ruas e lhe pediam que os deixassem tocar ao menos na ponta de seu manto. E todos que o tocavam ficavam curados.

220. Se for oportuno, pode-se recitar ou cantar um salmo responsorial ou outro canto apropriado.

Is 38,10.11.12a-d.16

R/. (cf. 17b) **Vós livrastes minha vida do sepulcro.**

Sl 101(102), 2-3.24-25

R/. (2) Ouvi, Senhor, e escutai minha oração, e chegue até vós o meu clamor!

221. O ministro, se for oportuno, dirige algumas palavras aos presentes, explicando a leitura bíblica, para levá-los a entender, pela fé, o sentido da celebração.

Preces

222. Segue-se a oração comum. Dentre as intercessões propostas o ministro poderá escolher as que julgar mais apropriadas ou acrescentar outras, condizentes com as circunstâncias particulares e as condições dos doentes.

Recorramos com confiança ao Senhor Jesus, nosso Salvador, para que venha consolar com sua graça estes irmãos enfermos, e digamos:

R/. Senhor, atendei a estes enfermos.

Senhor Jesus, que viestes como médico do corpo e da alma para curar as nossas enfermidades. R/.

Senhor Jesus, que fostes homem sujeito à dor,
e carregastes sobre vós as nossas enfermidades
e levastes sobre vós as nossas dores. R/.

Senhor Jesus, que quisestes assemelhar-vos aos irmãos em tudo,
a fim de mostrar-vos misericordioso. R/.

Senhor Jesus, que quisestes experimentar a condição humana,
para libertar-nos do mal. R/.

Senhor Jesus, que tivestes como companheira na dor,
ao pé da cruz, a vossa mãe,
e no-la destes igualmente por Mãe. *R/.*

Senhor Jesus, que quereis que completemos em nosso corpo,
em favor do vosso corpo místico, a Igreja,
o que faltou aos vossos sofrimentos. *R/.*

223. Em lugar da oração comum, podem-se rezar, ou mesmo acrescentar à oração, as ladainhas que se encontram no Rito da Unção dos Enfermos e sua Assistência Pastoral, sob os nn. 240 e 241:

Senhor, que assumistes as nossas enfermidades
e suportastes as nossas dores, tende piedade de nós.

R/. Senhor, tende piedade de nós.

Cristo, que tendo pena da multidão,
passastes pela terra fazendo o bem e curando os enfermos,
tende piedade de nós.

R/. Cristo, tende piedade de nós.

Senhor, que mandastes os vossos Apóstolos
impor as mãos sobre os doentes, tende piedade de nós.

R/. Senhor, tende piedade de nós.

224. Ou:

Roguemos ao Senhor por nosso(a) irmão(a) enfermo(a)
e por todos aqueles que o(a) tratam ou servem.

— Nós vos pedimos que olheis com bondade este(a) doente.

R/. Ouvi-nos, Senhor.

— Nós vos pedimos que lhe concedais forças.

R/. Ouvi-nos, Senhor.

— Nós vos pedimos que alivieis os seus sofrimentos.

R/. Ouvi-nos, Senhor.

—Nós vos pedimos que auxilieis com vossa graça todos os enfermos.

R/. Ouvi-nos, Senhor.

— Nós vos pedimos que sustenteis com vossa força aqueles que os assistem.

R/. Ouvi-nos, Senhor.

— Nós vos pedimos que concedais de novo a saúde àquele(a) a quem impomos as mãos em vosso nome.

R/. Ouvi-nos, Senhor.

225. O ministro, fazendo o sinal-da-cruz na fronte de cada um, reza a oração da bênção:

Salvai-nos em vosso amor, Senhor nosso Deus,
que sempre cercais de carinho as vossas criaturas;
erguei estes vossos filhos enfermos e sustentai-os com a vossa força;
dai-lhes o remédio, curai as fraquezas

a fim de que eles alcancem felizmente
o conforto que de vós esperam.
Por Cristo, nosso Senhor.

R/. Amém.

226. Ou, para um só enfermo:

Senhor, Pai santo, Deus eterno e todo-poderoso,
que, com a vossa bênção
ergueis de sua fraqueza a condição humana e a consolidais,
inclinai-vos com bondade sobre este(a) vosso(a) filho(a) *N.*,
para que, debelada sua enfermidade
e completamente restabelecida a saúde,
ele(a) venha a bendizer com gratidão o vosso nome.
Por Cristo, nosso Senhor.

R/. Amém.

227. Após a oração da bênção, o ministro convida todos os presentes a invocarem a proteção de Nossa Senhora, se for oportuno, com a recitação ou o canto de uma antífona mariana, por exemplo, *À vossa proteção* ou *Salve Rainha* (cf. Apêndice nn.1-4).

228. O ministro implora a bênção do Senhor sobre os doentes e todos os presentes e, fazendo sobre si o sinal-da-cruz, diz:

O Senhor Jesus,
que passou pelo mundo fazendo o bem e curando a todos,
nos conserve com saúde
e nos cubra de sua bênção.

R/. Amém.

PARA CRIANÇAS

229. Para a bênção de crianças enfermas, devem-se adaptar às condições os textos anteriormente indicados. Propõem-se aqui as orações comuns e a oração especial da bênção.

Preces

230. Além das intercessões propostas, o ministro poderá acrescentar outras condizentes com as circunstâncias particulares e as condições dos doentes:

Vamos rezar por estas crianças enfermas ao Senhor Jesus, que as ama e protege com amor especial, e digamos:

R/. Olhai por elas em todos os seus caminhos.

Senhor Jesus, ao chamar as crianças para junto de vós, dissestes que delas é o reino dos céus;
atendei com bondade as nossas orações por estas crianças. R/.

Senhor Jesus, dissestes que os mistérios do reino não estão abertos
aos sábios e aos orgulhosos mas aos pequenos;
dignai-vos dar a estas crianças enfermas um sinal do vosso amor. R/.

Senhor Jesus, recebestes de bom grado a homenagem das crianças,
quando vos aclamavam piedosamente, antes de vossa paixão;
trazei o conforto da vossa consolação
a estas crianças enfermas e a seus pais. R/.

Senhor Jesus, ordenastes aos vossos discípulos
o cuidado dos doentes;
ficai ao lado de todos os que aqui trabalham
na recuperação da saúde destas crianças.

R/. Olhai por eles em todos os seus caminhos.

231. O ministro, principalmente quando o pai ou a mãe abençoam o filho doente, fazendo o sinal-da-cruz sobre a fronte da criança, reza a oração da bênção.

Pai das misericórdias
e Deus de toda consolação,
que vos dignais velar
com piedade pelas vossas criaturas
e dar a todos saúde de corpo e de alma,
livrai da enfermidade estas crianças *(N.* e *N.)*
(esta criança *N.*)
(este filho, esta filha, que me destes),
a fim de que, por todos os dias da vida,
crescendo em graça e sabedoria diante de vós e dos homens,
vos sirvam (sirva) em justiça e santidade
e rendam (renda) graças à vossa misericórdia.
Por Cristo, nosso Senhor.

R/. Amém.

II. RITO BREVE

232. O ministro diz:

A nossa proteção está no nome do Senhor.

Todos respondem:

R/. Que fez o céu e a terra.

233. Um dos presentes, ou o próprio ministro, lê um texto da Sagrada Escritura, por exemplo:

2Cor 1,3-4 *"Bendito seja Deus e Pai de nosso Senhor Jesus Cristo, o Pai das misericórdias e Deus de toda a consolação. Ele nos conforta em todas as tribulações para podermos consolar todos os atribulados com o consolo com que somos por Deus consolados".*

Mt 11,28-29 *"Vinde a mim todos vós fatigados e sobrecarregados, e eu vos aliviarei. Tomai sobre os ombros meu jugo e aprendei de mim, que sou manso e humilde de coração, e achareis descanso para vossas almas".*

234. O ministro, fazendo-lhe sobre a fronte o sinal-da-cruz, reza a oração da bênção:

Senhor, Pai santo, Deus eterno e todo-poderoso,
que, com a vossa bênção
ergueis de sua fraqueza a condição humana e a consolidais,
inclinai-vos com bondade sobre este(a) vosso(a) filho(a) *N.*,
para que, debelada sua enfermidade
e completamente restabelecida a saúde,
ele(a) venha a bendizer com gratidão o vosso nome.
Por Cristo, nosso Senhor.

R/. Amém.

CAPÍTULO III

BÊNÇÃO DE UM GRUPO REUNIDO PARA A CATEQUESE OU ORAÇÃO

Introdução

235. Quando se reúnem os fiéis cristãos ou catecúmenos, em nome de Cristo, o próprio Cristo, segundo suas palavras, está presente nesse grupo. É natural que dos corações dos participantes do grupo brotem preces de louvor a Cristo, juntamente com invocação do auxílio divino para se obter aquilo que deu motivo à reunião. Isso acontece de modo particular nas reuniões para a catequese ou para a oração; mas, mesmo tratando-se de grupos de outra natureza, é oportuno que a reunião se inicie com uma oração litúrgica e se reserve à oração algum espaço de tempo a mais.

Por este motivo a Introdução Geral à Liturgia das Horas (cf. n. 27) convida os grupos leigos em qualquer lugar em que se encontrem, seja qual for o motivo pelo qual se reuniram (oração, apostolado, ou qualquer outra razão), a cumprir o Ofício da Igreja, celebrando parte da Liturgia das Horas: "Convém que aprendam a adorar a Deus Pai em espírito e verdade, antes de tudo na ação litúrgica (cf. Jo 4,23)", lembrados de que "mediante o culto público e a oração atingem todos os homens e podem fazer muito pela salvação de todo o mundo".

Se isso não for possível, será conveniente, consideradas as várias circunstâncias, iniciar a reunião pela invocação do Espírito Santo e a bênção do Senhor com o hino *Ó, Vinde, Espírito Criador* (cf. Apêndice n. 5), ou a antífona *Vinde, Espírito de Deus* (cf. Apêndice n. 6), ou outro canto apropriado. Após breve leitura bíblica, apropriada, pode-se concluir a oração com uma das coletas do Missal Romano, de preferência extraída das Missas do Espírito Santo ou da Missa da VII Semana do Tempo Pascal, ou da Missa para um encontro espiritual ou pastoral.

236. No fim da reunião, pode-se realizar a celebração da bênção com a oração, que é proferida pelo presidente, do modo a seguir indicado.

237. Omite-se a oração da bênção quando essas reuniões são seguidas da Celebração eucarística.

238. O rito, que aqui se oferece, pode ser usado por presbítero, por diácono e também por leigo. Todos deverão adaptar a celebração às circunstâncias locais, mas conservando a estrutura do rito.

RITO DA BÊNÇÃO

239. O que preside prepara os presentes para receberem a bênção com estas palavras ou outras semelhantes:

Na reunião que realizamos, o próprio Senhor nos falou. Devemos, portanto, dar graças a ele, que se dignou revelar-se o mistério escondido há séculos em Deus. Importa, agora, conformar a nossa vida com a palavra que ouvimos. Antes, porém, de dispersar-nos, vamos elevar nossa mente a Deus para que nos conduza, pelo seu Espírito, a uma verdade mais profunda e conforte nossa vontade para fazermos sempre o que lhe agrada.

Preces

240. Quando parecer oportuno, pode-se fazer a oração comum antes da oração da bênção. Dentre as intercessões propostas, o que preside poderá escolher as que julgar mais apropriadas, ou acrescentar outras, condizentes com as circunstâncias particulares.

As palavras que o Senhor nos disse são espírito e vida. Ele tem palavras de vida eterna. Vamos, portanto, invocá-lo, para que encontre em nós não apenas ouvintes, mas também cumpridores da palavra, colaboradores de sua verdade, e digamos:

R/. Falai, Senhor, vós tendes palavras de vida!

Cristo, Filho de Deus, que viestes ao mundo
para anunciar o amor de vosso Pai pelos homens,
— aumentai a nossa fé para recebermos
as vossas palavras como sinal da bondade paterna. R/.

Cristo, em quem o Pai teve sua complacência
e mandou que vos ouvíssemos com confiança,
— dai-nos entendimento
para que aprofundando-nos em vossas palavras,
experimentemos a sua doçura. R/.

Cristo, que chamastes feliz
quem ouve a palavra de Deus e a observa,
— concedei-nos guardar, juntamente com Maria, as vossas palavras,
meditando-às em nossos corações. R/.

Cristo, que iluminais as trevas da mente com vossa palavra,

e dais entendimento aos pequenos,
— fazei-nos ouvintes de coração simples,
a fim de conhecermos os mistérios do reino dos céus. R/.

Cristo, que não cessais de proferir vossa palavra na Igreja
para que todos os homens, ouvindo-a,
sejam iluminados por uma só fé
e estejam unidos numa só caridade,
— fazei-nos cada dia mais amantes e praticantes de vossa palavra,
a fim de nela formarmos, todos os cristãos, um só coração e uma só alma. R/.

Cristo, que com as vossas palavras fornecestes
a lâmpada para os nossos passos e a luz em nossos caminhos,
— fazei que nós, ouvindo-vos,
possamos percorrer com generosidade o caminho dos vossos mandamentos. R/.

Cristo, que proferistes a vossa palavra
para que contribua para a salvação dos homens e seja glorificada,
— cumulai-nos com as vossas palavras
a fim de capacitar-nos como arautos e testemunhas do Evangelho. R/.

Segue-se a oração da bênção, como indicado adiante.

241. Quando não forem recitadas as preces, antes da oração da bênção, o ministro, com estas palavras ou outras semelhantes, convida todos a orarem, para obter o auxílio divino:

Oremos, caríssimos irmãos,
a Deus Pai todo-poderoso,
para que dirija os nossos passos
pelo caminho dos seus mandamentos.

E, se for oportuno, todos oram em silêncio por algum tempo. Segue-se a oração da bênção.

Oração da bênção

242. O ministro, de mãos juntas, profere a oração da bênção:

Nós vos agradecemos, Senhor, e vos bendizemos,
pois, muitas vezes e de modos diversos,
falastes outrora aos pais pelos profetas;
agora, nestes últimos dias, nos falastes por vosso Filho,
a fim de manifestar por ele a todos nós,
as riquezas da vossa graça.
Tendo-nos reunido para aprofundarmos as Escrituras,
suplicamos a vossa bondade
para que nos compenetremos do conhecimento da vossa vontade
e nos façais produzir frutos de boas obras,
agradando-vos em todas as coisas.
Por Cristo, nosso Senhor.

R/. Amém.

Conclusão do rito

243. O ministro conclui o rito, dizendo:

O Deus, Pai das misericórdias,
que enviou ao mundo a sua Palavra
e ensinou através do seu Espírito toda verdade,
nos faça arautos do Evangelho
e testemunhas do seu amor no mundo.

R/. Amém.

244. É louvável concluir o rito com um canto apropriado.

CAPÍTULO IV

BÊNÇÃO PARA O INÍCIO DE UMA VIAGEM

Introdução

245. É um costume venerável, muitas vezes relembrado na própria Sagrada Escritura, implorarem o auxílio do Senhor as pessoas que pretendem sair de viagem. O presente rito de bênção oferece um modelo de oração para que se preserve o piedoso costume.

Poderá ser usado especialmente no caso de viajantes que emigram de sua pátria, ou de sua terra natal, mesmo que seja temporariamente, por motivo de trabalho ou emprego, ou que viajam para outros lugares por outros fins, por exemplo, passar as férias.

246. O ministro desta bênção poderá ser sacerdote ou diácono ou mesmo leigo, os quais, conservando a estrutura e os elementos principais do rito, deverão adaptar a celebração às circunstâncias dos lugares e condições dos viajantes.

247. Se se trata de bênção para uma só pessoa ou um pequeno grupo, pode-se usar o rito breve, indicado na parte final, nn. 261-264.

I. RITO DA BÊNÇÃO

Ritos iniciais

248. Reunida a comunidade, o ministro diz:

Em nome do Pai e do Filho e do Espírito Santo.

Todos fazem o sinal-da-cruz e respondem:

Amém.

Ou de outro modo apropriado.

249. O ministro saúda os presentes dizendo:

Que o Senhor mostre o seu rosto para nós
e dirija os nossos passos no caminho da paz.

Todos respondem:

Amém.

250. O ministro prepara os presentes para receberem a bênção com as seguintes palavras ou outras semelhantes:

Vamos recomendar ao Senhor estes nossos irmãos, que vão partir, para que lhes abra um caminho feliz, e eles próprios, no meio dos caminhos deste mundo, saibam louvar a Deus em suas criaturas, possam experimentar a bondade de Deus na hospitalidade de outros irmãos, manifestar aos homens a boa nova da salvação e mostrar-se amáveis para com todos, particularmente sendo bondosos para com os pobres e aflitos que encontrarem, procurando também consolá-los e ajudá-los.

Leitura da Palavra de Deus

251. O leitor, um dos presentes ou o próprio ministro que preside à celebração, lê um texto das Sagradas Escrituras:

Lc 3,3-6 *"Endireitai-lhe as veredas"*.

Irmãos, vamos ouvir as palavras do santo Evangelho escrito por Lucas.

E percorria toda a região do Jordão, pregando um batismo de conversão para remissão dos pecados, como está escrito no livro das palavras de Isaías profeta: Voz de quem clama no deserto: Preparai o caminho do Senhor, endireitai-lhe as veredas. Todo vale será aterrado e todo monte e outeiro, aplanado, os caminhos tortuosos serão alinhados, os ásperos alisados. E todo homem verá a salvação de Deus!

252. Ou:

Dt 6,4-9 *"E trarás bem dentro do coração todas estas palavras"*.

Irmãos, vamos ouvir as palavras do livro do Deuteronômio.

Ouve, Israel! O Senhor nosso Deus é um só. Amarás o Senhor teu Deus, com todo o coração, com toda a alma, com todas as forças e trarás bem dentro do coração estas palavras que hoje te digo. Tu as inculcarás a teus filhos e delas falarás quando estiveres sentado em casa e quando estiveres andando pelos caminhos; quando te deitares e quando te levantares. Hás de atá-las à mão para te servirem de sinal; e as colocarás como faixa entre os olhos, e as escreverás nos umbrais da casa e nas portas.

253. Ou:

Gn 12,1-9 *"Vai para a terra que te mostrarei"*.
"O Senhor disse a Abraão: "Sai de tua terra..."".

Gn 28,10-46 *"Estou contigo e te guardarei onde quer que vás"*.

Jacó saiu de Bersabéia e se dirigiu para Harã...

Tb 5,17-22 *"Que lá vos proteja Deus e que vos reconduza"*.

Disse Azarias a Tobit: "Irei com teu filho, nada receies…".

Lc 24,13-35 *"O próprio Jesus aproximou-se e pôs-se a caminhar com eles".*

Naquele tempo dois dos seus discípulos neste mesmo dia (da ressurreição de Jesus) para uma aldeia…

Jo 14,1-11 *"Eu sou o caminho, a verdade e a vida".*

Disse Jesus a seus discípulos: "Não se perturbe o vosso coração".

254. Se for oportuno, pode-se recitar ou cantar um salmo responsorial ou outro canto apropriado:

Sl 22(23), 1-3.4.5.6

R/. (1) O Senhor é o pastor que me conduz;
não me falta coisa alguma.

Sl 24(25), 5-6.9-10.12-13

R/. (4) Mostrai-me, ó Senhor, vossos caminhos.

Sl 90(91), 1-2.10-11.12-13.14-15

R/. (cf. 11) Os anjos do Senhor te guardem
em todos os caminhos.

255. O ministro que preside, se for oportuno, dirige algumas palavras aos presentes, explicando a leitura bíblica, para levá-los a entender, pela fé, o sentido da celebração.

Preces

256. Se parecer oportuno, antes da oração da bênção, se poderá rezar a oração comum. Dentre as intercessões propostas, o ministro poderá escolher as que julgar mais apropriadas, ou acrescentar outras condizentes com as circunstâncias particulares.

Invoquemos com confiança o Senhor, princípio e fim de nossos caminhos, e lhe digamos:

R/. Senhor, acompanhai-nos em nosso caminho!

Pai santo,
vosso Filho unigênito ofereceu-se a nós
como caminho para chegarmos até vós;
— fazei que o sigamos com perseverança fiel. R/.

Pai santo, estais sempre e em toda parte
perto dos que vos servem;
— guardai os vossos servos com proteção paterna,
para que eles vos tenham no caminho
o mesmo companheiro que esperam ter na pátria futura.
R/.

Pai santo, oferecestes outrora a vossa guia e o vosso caminho
ao povo peregrino do deserto;
— concedei-nos vossa proteção
ao empreendermos esta viagem de retorno
para que, superando todos os perigos,
cheguemos felizes aos nossos lares. R/.

Pai santo, colocastes entre os sinais do vosso reino futuro
a hospitalidade aos peregrinos;
— concedei a todos os que vagueiam sem teto
um lugar estável onde ficarem. R/.

Segue-se a oração da bênção como abaixo.

257. Quando as preces não são rezadas, antes da oração da bênção, o ministro implora o auxílio divino com estas palavras ou outras semelhantes:

Mostrai-nos, Senhor, os vossos caminhos.

R/. Senhor, tende piedade de nós.

Enviai-nos auxílio, Senhor, do vosso santuário.

R/. Senhor, tende piedade de nós.

Sede para nós, Senhor, uma torre de fortaleza.

R/. Senhor, tende piedade de nós.

Salvai, Senhor, os servos que em vós esperam.

R/. Senhor, tende piedade de nós.

Segue a oração da bênção.

Oração da bênção

258. O ministro, de mãos juntas, reza a oração da bênção. No caso de não viajar juntamente com os demais.

Ó Deus todo-poderoso e cheio de bondade,
que fizestes os filhos de Israel
atravessarem o mar a pé enxuto,
e indicastes pela estrela o caminho
aos magos em visita ao vosso Filho;
ajudai estes nossos irmãos
e concedei-lhes uma viagem feliz,

para que, com vossa proteção e em vossa companhia,
possam chegar sãos e salvos ao seu destino
e entrar felizes, um dia, no porto da salvação eterna.
Por Cristo, nosso Senhor.

R/. Amém.

259. Ou, se o ministro viaja com os demais:

Ó Deus todo-poderoso e cheio de misericórdia,
que guardastes são e salvo a Abraão
através de todas as suas peregrinações,
afastado de sua terra e de sua parentela,
dignai-vos guardar também os vossos servos;
sede para nós, Senhor, nas refregas, conforto,
no caminho, companhia e consolo,
na adversidade, sustentáculo,
para que, sob a vossa guia,
possamos chegar ao destino
e garantir também o nosso feliz retorno.
Por Cristo, nosso Senhor.

R/. Amém.

260. O ministro implora a bênção do Senhor sobre os que vão partir e sobre todos os presentes; e fazendo em si o sinal-da-cruz, diz:

Abençoe-nos Deus todo-poderoso
e atenda às súplicas que fazemos por vós,
para que tenhais uma viagem feliz.

R/. Amém.

II. RITO BREVE

261. O que preside à celebração diz:

A nossa proteção está no nome do Senhor.

Todos respondem:

Que fez o céu e a terra.

262. Um dos presentes, ou o presidente lê um texto da Sagrada Escritura, por exemplo:

Tb 4,19a *"Em todas as circunstâncias bendize ao Senhor Deus. Pede-lhe que se tornem retos os teus caminhos e tenham êxito todos os teus roteiros e teus planos. Pois nenhum povo possui o conselho".*

Jo 14,6 *"Jesus lhe respondeu: Eu sou o caminho, a verdade e a vida. Ninguém vem ao Pai senão por mim".*

263. Em seguida, o presidente reza a oração da bênção:

Ó Deus todo-poderoso e cheio de misericórdia,
que guardastes são e salvo a Abraão
através de todas as suas peregrinações,
afastado de sua terra e de sua parentela,
dignai-vos guardar também os vossos servos;
sede para nós, Senhor, nas refregas, conforto,
no caminho, companhia e consolo,
para que, sob a vossa guia,
possamos chegar ao destino
e garantir também o nosso feliz retorno.
Por Cristo, nosso Senhor.

R/. Amém.

264. Ou:

Abençoe-nos Deus
com toda bênção celeste
e dirija os nossos caminhos na prosperidade,
para que, em meio às vicissitudes da vida,
possamos sempre experimentar
a sua proteção.
Por Cristo, nosso Senhor.

R/. Amém.

SEGUNDA PARTE

BÊNÇÃOS DE EDIFÍCIOS E DE OUTRAS OBRAS

INTRODUÇÃO À SEGUNDA PARTE

265. Os fiéis cristãos, quando se deixam guiar pela fé, fortalecidos pela esperança e movidos pela caridade, não só podem distinguir com sabedoria as marcas da bondade divina em todas as coisas criadas, como consideram todos os acontecimentos do mundo sinais daquela providência paterna com que Deus tudo rege e governa. Sempre e em toda parte haverá, portanto, ocasião de se rezar e confiar em Deus, e de dar-lhe as devidas graças.

266. É mister demonstrar exteriormente o senso da fé, que nos faz perceber a presença de Deus em todos os acontecimentos da vida, através de ritos particulares que se celebram na inauguração de edifícios e outras obras. Bendizemos a Deus e lhe damos graças pelas coisas novas e recursos disponíveis, antes de tudo pedindo que ele se digne abençoar aquelas pessoas que fazem uso dessas obras e meios.

267. Os ritos de bênçãos, oferecidos nesta parte, dizem respeito ao uso de certos meios ou à inauguração de edifícios que se referem às diversas iniciativas do zelo dos fiéis cristãos, e que têm para eles grande importância na vida.

CAPÍTULO V

BÊNÇÃO DE NOVA RESIDÊNCIA

Introdução

268. Quando os fiéis desejam inaugurar sua nova residência, o pastor de almas e seus auxiliares acedam de boa vontade ao seu desejo, pois apresenta-se uma preciosa ocasião de reuni-los aproveitando-se o motivo da nova habitação para, em meio à alegria, darem graças a Deus, de quem todos òs bens procedem.

269. O rito, aqui oferecido, pode ser usado por sacerdote ou por diácono, e mesmo por um leigo.

270. Para que a celebração se adapte às circunstâncias e às condições das pessoas, podem-se tomar algumas partes deste rito, sempre, porém, com o cuidado de se conservarem a sua estrutura e principais elementos do mesmo.

271. Não se faça a bênção da nova casa sem a presença dos residentes.

RITO DA BÊNÇÃO

Ritos iniciais

272. Reunidos em lugar apropriado os membros da família, parentes e amigos, o ministro diz:

Em nome do Pai e do Filho e do Espírito Santo.

Todos fazem o sinal-da-cruz e respondem:

Amém.

273. O ministro, saúda os presentes, dizendo:

O Deus, a quem glorificamos a uma só voz,
nos conceda, pelo seu Espírito,
termos uns pelos outros um só sentimento,
conforme Jesus Cristo.

Todos respondem:

Amém.

274. O ministro prepara os presentes para a celebração com estas palavras ou outras semelhantes:

Caríssimos irmãos, vamos dirigir uma fervorosa oração a Cristo, que se dignou nascer da Virgem Maria e habitou entre nós, para que também se digne entrar sob este teto e abençoar com sua presença esta casa. Que o Senhor Jesus esteja aqui no meio de vós, alimente em vós a caridade fraterna, participe das alegrias e alivie as tristezas. E vós, guiados pelos preceitos de Cristo, cuidai antes de tudo que esta nova casa seja a morada da caridade, de onde se expanda, em todo sentido, o odor de Cristo.

Leitura da Palavra de Deus

275. Um dos presentes ou o próprio ministro lerá um texto das Sagradas Escrituras:

Lc 10,5-9 *"A paz esteja nesta casa"*.

Irmãos, vamos ouvir as palavras do santo Evangelho escrito por Lucas.

Disse o Senhor aos seus discípulos: "Em qualquer casa em que entrardes, dizei primeiro: A paz esteja nesta casa. Se houver ali um filho da paz, repousará sobre ele vossa paz; se não houver, voltará para vós. Permanecei nesta casa, comei e bebei o que vos servirem. O operário é digno do salário. Não andeis de casa em casa. Em qualquer cidade, onde entrardes e vos receberem, comei do que vos for servido, e curai os enfermos que nela houver, e lhes dizei: 'O reino de Deus está próximo de vós' ".

276. Ou:

Gn 18,1-10a *"Meu Senhor, eu te peço, não passes junto de teu servo sem te deteres".*

Naqueles dias: O Senhor apareceu a Abraão no Carvalho de Mambre...

Mc 1,29-30 *"Jesus foi à casa de Simão".*

E logo ao sair da sinagoga, Jesus foi à casa de Simão...

Lc 10,38-42 *"Marta recebeu a Jesus".*

Jesus entrou numa aldeia...

Lc 19,1-9 *"Hoje a salvação entrou nesta casa".*

E entrando em Jericó, Jesus atravessava a cidade...

Lc 24,28-32 *"Permanece conosco".*

Jesus e dois discípulos, aproximando-se da aldeia...

277. Se for oportuno, pode-se recitar ou cantar um salmo responsorial ou outro canto apropriado.

Sl 111(112), 1-2.3-4.5-6.7-8.9

R/. (1ª) Feliz o homem que respeita o Senhor.

Sl 126(127), 1.2.3-4.5

R/. (cf. 1) Que o Senhor nos construa a nossa casa.

Sl 127(128), 1-2.3.4-6a

R/. (4) Será assim abençoado todo homem que teme o Senhor.

278. O ministro, se for oportuno, dirige algumas palavras aos presentes, explicando a leitura bíblica para levá-los a entender, pela fé, o sentido da celebração.

Preces

279. Segue-se a oração comum. Dentre as invocações propostas, o ministro poderá escolher as que julgar mais apropriadas, ou acrescentar outras condizentes com as circunstâncias e condições particulares.

Vamos invocar, com gratidão e alegria, o Filho de Deus, Senhor do céu e da terra, que, fazendo-se homem, veio habitar entre nós e digamos:

R/. Permanecei conosco, Senhor.

Senhor Jesus Cristo,
que com Maria e José santificastes a vida de família,
— dignai-vos ficar conosco nesta casa,

para que vos sintamos nosso hóspede
e vos veneremos como nosso chefe. *R/.*

Todo edifício unido
vós o transformais num templo santo;
— fazei que os residentes desta casa
se transformem numa habitação do Espírito de Deus. *R/.*

Ensinastes os vossos fiéis
a construírem sua casa sobre pedra firme;
— concedei que esta família
tenha uma vida modelada por vossas palavras
e, afastada toda desunião,
vos sirva de alma e coração abertos. *R/.*

Éreis carente de casa própria
e aceitáveis, na alegria da pobreza,
a hospitalidade dos amigos;
— fazei que todos os necessitados de habitação
encontrem, com nossa ajuda,
uma moradia digna. R/.

Oração da bênção

280. O ministro, de mãos juntas, acrescenta:

Favorecei, Senhor Jesus, os vossos filhos
que pedem com humildade vossa bênção,
ao mudarem (hoje) para esta nova residência;
sede refúgio para os que aqui moram,
companheiro dos que saem,
hóspede com os que entram,
até o dia de terem, todos, feliz acolhimento
na casa do vosso Pai.
Vós, que viveis e reinais para sempre.

R/. Amém.

281. Após a oração da bênção, o ministro asperge água benta sobre os presentes e na casa, dizendo, se for oportuno:

Que esta água nos lembre o nosso batismo
e o Cristo, que nos salvou
por sua Morte e Ressurreição.

R/. Amém.

Conclusão do rito

282. O ministro conclui o rito dizendo:

Que a paz de Cristo reine em nossos corações,
a palavra de Cristo habite constantemente em nós,
para que tudo que fizermos em palavras e obras,
o façamos em nome do Senhor.

Todos respondem:

Amém.

283. É louvável terminar o rito com um canto apropriado.

CAPÍTULO VI

BÊNÇÃO DE LOCAIS E DE MEIOS DESTINADOS A VIAGENS

Introdução

284. A vida humana tomou grande impulso com o uso de meios que servem para encurtar as distâncias e permitem a reunião e a comunicação entre as pessoas. Tais meios podem ser designados, de modo geral, como instrumentos para a locomoção do homem. Como tais devem-se considerar, por exemplo, a rua, a estrada, a praça pública, a ponte, a ferrovia, o porto, os veículos de transporte de toda espécie, a embarcação e o avião.

Como a consciência do dever recíproco se aperfeiçoa com o uso desses meios, não se pode perder excelente oportunidade para bendizer a Deus e ao mesmo tempo orar pelas pessoas que deles se utilizam.

285. O rito aqui oferecido pode ser usado por ocasião da entrada em atividade, ou serviço, de um desses locais e meios destinados à locomoção. Se, porém, em alguma região há o costume de ir até a igreja, em dias determinados, com carros ou outros veículos e meios de transporte, para pedir a bênção e a proteção de Deus nas viagens que se vão realizar, pode-se fazer uma celebração particular com elementos extraídos deste rito.

286. A bênção de ruas ou estradas, pontes, praças, ferrovias, está em função da comunidade, que se beneficia desses meios. Por isso, requer-se a presença da comunidade, ou ao menos de alguns representantes ou que nela exercem funções.

287. Este rito pode ser usado tanto pelo sacerdote como pelo diácono, e mesmo por leigo.

288. Conservando sempre a estrutura e os elementos principais do rito, o ministro poderá escolher alguns deles para adaptar a celebração às circunstâncias do lugar e das pessoas.

289. Quando se vai benzer um só veículo, pode-se utilizar o rito breve, adiante proposto, nn. 304-308.

I. RITO DA BÊNÇÃO

Ritos iniciais

290. Reunida a comunidade, pode-se entoar um canto apropriado, ao fim do qual o ministro diz:

Em nome do Pai e do Filho e do Espírito Santo.

Todos fazem o sinal-da-cruz e respondem:

Amém.

291. O ministro, saúda os presentes, dizendo:

Vamos, unidos, bendizer
ao Senhor Jesus Cristo,
que é caminho, verdade e vida.

Todos respondem:

Amém.

292. O ministro prepara os presentes para receberem a bênção, com as palavras seguintes, ou semelhantes:

Cristo, o Filho de Deus, veio ao mundo para reunir os que estavam dispersos. Portanto, tudo que leva os homens a se unirem, parece corresponder ao plano de Deus. De fato, hoje, novas estradas e novos meios para transportar os homens, desfazendo a separação, reúnem aqueles a quem montanhas e águas ou enormes distâncias dissociavam.

Vamos pois invocar o Senhor para que abençoe os que construíram esta obra e acompanhe com a sua ajuda os que dela farão uso.

Leitura da Palavra de Deus

293. O leitor, um dos presentes ou o próprio ministro lê um texto das Sagradas Escrituras, escolhido de tal modo que se preste para ilustrar as circunstâncias particulares:

Jo 14,6-7 *"Eu sou o caminho, a verdade e a vida"*.

Irmãos, vamos ouvir as palavras do santo Evangelho escrito por João.

Jesus lhe respondeu: "Eu sou o caminho, a verdade e a vida. Ninguém vem ao Pai senão por mim. Se me conhecêsseis, conheceríeis também o Pai. Desde agora o conheceis e o tendes visto".

294. Ou:

At 17,22-28 *"É nele que vivemos, nos movemos e existimos"*.

Irmãos, vamos ouvir as palavras dos Atos dos Apóstolos.

De pé, no centro do Areópago, falou Paulo: Atenienses, em tudo vos vejo extraordinariamente religiosos. Ao passar e contemplar os objetos de vosso culto, achei um altar em que está escrito: "Para o deus desconhecido". Pois aquele que venerais sem conhecer, é esse que vos anuncio. O Deus, que fez o mundo e todas as coisas que nele há. Sendo Senhor do céu e da terra, não habita em templos feitos por mãos de homens, nem por mãos humanas é servido, como se necessitasse de alguma coisa, ele, que dá a todos a vida, o alento e todas as coisas. De um só homem fez nascer todo o gênero humano, para povoar toda a face da terra. Estabeleceu para os povos os tempos e os limites de sua habitação, tudo para que procurem a Deus e se esforcem por encontrá-lo mesmo às apalpadelas. Pois não está longe de nenhum de nós. É nele que vivemos, nos movemos e existimos, como alguns de vossos poetas disseram: Porque somos também de sua linhagem.

295. *Ou:*

Is 40,1a. 3-5 *"Transformem-se os lugares escarpados em planície, e as elevações, em largos vales".*

Assim diz o Senhor: Consolai, consolai o meu povo...

At 8,26-39 *"Tinha ido para Jerusalém, prestar culto. Voltava sentado no seu coche".*

Levantou-se (Filipe) e partiu.

Mc 4,35-41 *"E cessou o vento e se fez grande bonança".*

À tarde daquele dia, disse-lhes Jesus...

Lc 3,3-6 *"Preparai o caminho do Senhor".*
E João percorreu toda a região do Jordão...

Jo 1,47-51 *"Vereis o céu aberto e os anjos de Deus subindo e descendo".*

Jesus viu Natanael...

Jo 14,1-7 *"Eu sou o caminho, a verdade e a vida".*

Durante a ceia, Jesus diz a seus discípulos: "Não se perturbe o vosso coração...".

296. Se for oportuno, pode-se recitar ou cantar um salmo responsorial ou outro canto apropriado.

Sl 22(23), 1-3.4.5.6

R/. (cf. 3b) Guiai-me, Senhor, no caminho da justiça.

Sl 24(25), 4-5.9-10.12-13

R/. (2a) Senhor, meu Deus, em vós confio!

Sl 150,1-2.3-4.5

R/. (2b) Louvai o Senhor Deus por sua grandeza majestosa!

297. O ministro, se for oportuno, dirige algumas palavras aos presentes, explicando a leitura bíblica para levá-los a entender, pela fé, o sentido da celebração.

Preces

298. Se parecer oportuno, antes da oração da bênção pode-se rezar a prece comum. Dentre as invocações propostas, o ministro poderá escolher as que julgar mais apropriadas, ou acrescentar outras, condizentes com as circunstâncias particulares.

Através da nossa oração comum vamos implorar humildemente o Senhor Jesus Cristo, que para nós é o caminho que leva à pátria.

R/. Guiai-nos em vossos caminhos, Senhor.

Senhor Jesus, que feito homem,
vos dignastes conviver com os homens,
— fazei-nos, sempre em vossa presença,
andar pelos caminhos do vosso amor. R/.

Senhor Jesus, que circulando pelas cidades,
anunciastes o Evangelho e curastes os enfermos,
— dignai-vos, ainda, andar por nossas praças e ruas,
e confortar-nos com a vossa misericórdia. R/.

Senhor Jesus, que ficastes ao lado dos discípulos,
ao navegarem no mar,
e os livrastes de todo perigo,
— nas tempestades do mundo,
ficai sempre conosco. R/.

Senhor Jesus, que aos vossos discípulos
oferecestes companhia pelas estradas,
— dignai-vos abençoar nossas caminhadas
e inflamar nossos corações com vossas palavras. R/.

Senhor Jesus, que nos mostrastes o caminho,
subindo ao céu,

— sustentai-nos, enquanto peregrinos na terra,
para que possamos ter uma mansão na casa do vosso Pai.
R/.

Senhor Jesus, que nos confiastes como filhos à vossa Mãe,
— por sua intercessão, preparai para nós caminhos seguros,
a fim de que, um dia, vos possamos ver e regozijar-nos para sempre. R/.

Segue-se a oração da bênção, como mais adiante.

299. Quando não se rezam as preces, antes da oração da bênção, o ministro diz:

Oremos.

E, se for oportuno, todos oram em silêncio algum tempo. Depois, ele profere a oração da bênção.

Oração da bênção

300. O ministro, de mãos juntas, diz a oração da bênção:

a) Bênção de ponte, rua e praça, ferrovia, porto, aeroporto

Ó Deus, que em nenhuma parte
estais longe dos vossos servos,
e protegeis paternamente os que em vós confiam,
dignai-vos dirigir e acompanhar com vossa graça
todos aqueles que transitarem por esta rua (praça/ponte),
para que, defendidos de toda adversidade,
possam, com o vosso socorro,
alcançar o que desejam
e chegar com felicidade a seus destinos.
Por Cristo, nosso Senhor.

R/. Amém.

Ou:

Ó Deus de infinita misericórdia
e de imensa majestade,
não vos deixais ficar separado
daqueles por quem olhais,
nem por causa do espaço nem por força do tempo.
Assisti os vossos servos que em toda parte confiam em vós,
e dignai-vos ser para eles guia e companheiro,
ao longo de todo o caminho que vão fazer.
Não os prejudique nenhuma contrariedade,
nenhum obstáculo se lhes anteponha;
tudo lhes seja saudável,
tudo lhes corra bem.
Apoiados em vossa mão,
tenham a felicidade
de obter tudo aquilo que desejam com retidão.
Por Cristo, nosso Senhor.

R/. Amém.

b) Bênção de um veículo de qualquer espécie

Ó Deus todo-poderoso, criador do céu e da terra,
que em vossa multiforme sabedoria
confiastes ao homem a realização de grandes e belas coisas,
concedei que todos os usuários deste veículo
percorram com cautela o seu caminho
e preservem a segurança do caminho aos outros;
e, indo ao trabalho ou ao descanso,
tenham sempre como companheiro de caminhada a Cristo,
que vive e reina para sempre.

R/. Amém.

c) Bênção de uma aeronave

Senhor, nosso Deus,
que subis por cima das nuvens
e andais nas asas do vento,
concedei que esta aeronave,
construída pelos vossos filhos com engenho e arte,
realize tranqüilamente os seus planos de vôo,
e todos os que nela vão viajar
cheguem, sob a vossa guarda, incólumes ao destino desejado.
Por Cristo, nosso Senhor.

R/. Amém.

Ou:

Senhor, nosso Deus,
que andais nas asas do vento,
cuja glória os céus decantam,
e cuja obra o firmamento anuncia,
nós vos bendizemos e engrandecemos
em todas as vossas obras,
por terdes confiado ao homem a realização de belas e grandes coisas.
Concedei que este veículo, destinado a viagens aéreas,
sirva, antes de tudo,
para propagar o louvor do vosso nome
e desembaraçar rapidamente os negócios humanos.
Concedei a vossa bênção
aos pilotos desta aeronave,
para que procedam sempre com prudência,
possam afastar todo perigo
e chegar, incólumes,
à meta desejada.
Por Cristo, nosso Senhor.

R/. Amém.

d) Bênção de um barco

Atendei Senhor, às nossas súplicas,
e afastai deste barco
a violência dos ventos contrários,
e preservai-o das ondas tempestuosas;
e assim, todos os que nele vão navegar,
possam, com a vossa proteção,
alcançar os bens que almejam
e chegar, incólumes, ao porto desejado.
Por Cristo, nosso Senhor.

R/. Amém.

e) Bênção de um navio

Ó Deus, que governais a vossa Igreja,
navegando entre os vagalhões do mundo,
sede, para a tripulação deste navio
e para todos os que nele irão embarcar,
piloto e timoneiro através das rotas do oceano,
para que conquistem todos os bens da vida
e, um dia, também, a alegria da chegada
ao porto da segurança perene.
Por Cristo, nosso Senhor.

R/. Amém.

301. Depois da oração da bênção, se for oportuno, o ministro asperge água benta sobre os locais, edifícios, veículos ou pessoas, enquanto se entoa um canto apropriado.

302. O ministro, invocando a bênção de Deus e fazendo em si o sinal-da-cruz, diz:

Dirija o Senhor os nossos passos,
para que caminhemos em paz
e cheguemos à vida eterna.

R/. Amém.

303. É louvável completar o rito com um canto apropriado.

II. RITO BREVE

304. Iniciando a celebração, o ministro diz:

O nosso auxílio está no nome do Senhor.

Todos respondem:

R/. Que fez o céu e a terra.

305. Um dos presentes ou o próprio ministro lê breve texto da Sagrada Escritura, por exemplo:

Jo 14,6 *"Eu sou o caminho, a verdade e a vida. Ninguém vem ao Pai senão por mim".*

Mt 22,37a.39b-40 *"Amarás o Senhor teu Deus com todo teu coração. Amarás o próximo como a ti mesmo. Destes dois mandamentos dependem a Lei e os Profetas".*

306. O ministro, de mãos juntas, reza a oração da bênção:

Ó Deus todo-poderoso, criador do céu e da terra,
que, em vossa multiforme sabedoria,
confiastes ao homem a realização de grandes e belas coisas,

concedei que todos os usuários deste veículo
percorram com cautela o seu caminho,
e preservem a segurança do caminho aos outros;
e, indo ao trabalho ou ao descanso,
tenham sempre como companheiro de caminhada a Cristo,
que vive e reina para sempre.

R/. Amém.

307. Ou para um barco:

Atendei, Senhor, às nossas súplicas,
e afastai deste barco
a violência dos ventos contrários,
e preservai-o das ondas tempestuosas;
e, assim, todos os que nele vão navegar,
possam, com a vossa proteção,
alcançar os bens que almejam
e chegar, incólumes, ao porto desejado.
Por Cristo, nosso Senhor.

R/. Amém.

308. Se for oportuno, o ministro asperge água benta nos presentes e no veículo.

CAPÍTULO VII

BÊNÇÃO DE INSTRUMENTOS TÉCNICOS ESPECIAIS

Introdução

309. O homem constantemente estende o seu domínio sobre a natureza através do trabalho e da inteligência, servindo-se da ciência e da técnica. Desse modo, conquistando por própria iniciativa muitos bens para si, o indivíduo modifica para melhor as condições da sua vida e da vida dos outros. Quando certos instrumentos técnicos tiverem de ser utilizados pela primeira vez, poderá ser oportuna uma celebração, tornando-se, assim, mais claro que os homens estão obrigados, severamente, pela mensagem cristã, ao dever de construir o mundo[1].

310. O rito de bênção, aqui proposto, tanto visa a comunidade em cujo benefício são instalados certos meios técnicos (como, por exemplo, uma central de energia ou adutora d'água, um sismógrafo etc.), como, principalmente, todos os que de algum modo os dirigem. Por isso, requer-se a presença ao menos de alguns representantes.

311. Este rito pode ser usado por um sacerdote ou por um diácono, ou mesmo por um leigo.

312. Conservando sempre a estrutura e os elementos principais deste rito, podem-se escolher alguns deles para adaptar a celebração às circunstâncias de lugar e de pessoas.

---

1. Conc. Vat. II, Const. pastoral sobre a Igreja no mundo de hoje, *Gaudium et Spes,* cf. nn. 33-34.

RITO DA BÊNÇÃO

Ritos iniciais

313. Reunida a comunidade, pode-se proceder a um canto apropriado, ao fim do qual o ministro diz:

Em nome do Pai e do Filho e do Espírito Santo.

Todos fazem o sinal-da-cruz e respondem:

Amém.

314. Se o ministro for leigo, saúda os presentes, dizendo:

Vamos glorificar a Deus,
que colocou os homens
acima das obras de suas mãos.

Todos respondem:

Amém.

315. O ministro prepara os presentes para receberem a bênção com estas palavras ou outras semelhantes:

O homem coopera com o Criador através do trabalho de suas mãos e mediante a técnica, para que a terra se torne morada mais digna da família humana. Quem procura aperfeiçoar a obra da criação, promove certamente a convivência entre os homens, e cumpre o mandamento de Cristo, ao colocar-se alegremente a serviço dos irmãos. E nós, que utilizamos esses meios e invenções para nosso conforto, devemos bendizer a Deus e nunca cessar de louvá-lo, a ele, que é a luz verdadeira e fonte d'água viva que jorra para a vida eterna.

Leitura da Palavra de Deus

316. O leitor, um dos presentes ou o próprio ministro, lê um texto das Sagradas Escrituras.

Gn 1,1-5a.14-18 *"Deus disse: 'Faça-se a luz!' E a luz se fez"*.

Irmãos, vamos ouvir as palavras do livro do Gênesis.
No princípio Deus criou o céu e a terra. A terra estava deserta e vazia, as trevas cobriam o oceano e um vento impetuoso soprava sobre as águas. Deus disse: "Faça-se a luz!". E a luz se fez. Deus viu que a luz era boa. Deus separou a luz das trevas. E à luz Deus chamou "dia", às trevas "noite". Deus disse: "Façam-se luzeiros no firmamento do céu para separar o dia da noite. Que sirvam de sinal para marcar as festas, os dias e os anos. E, como luzeiros no firmamento do céu, sirvam para iluminar a terra". E assim se fez. Deus fez os dois grandes luzeiros: o luzeiro maior para governar o dia e o luzeiro menor para governar a noite e as estrelas. Deus os colocou no firmamento do céu para alumiar a terra, governar o dia e a noite e separar a luz das trevas. E Deus viu que era bom.

317. Ou:

Jo 4,5-14 *"Quem beber da água que eu lhe der, jamais terá sede"*.

Irmãos, vamos ouvir as palavras do santo Evangelho escrito por João.
Chegando a uma cidade da Samaria, chamada Sicar, próxima das terras que Jacó dera ao filho José, ali existia a fonte de Jacó. Fatigado do caminho sentou-se Jesus à beira da fonte. Era quase meio-dia. Uma mulher da Samaria vem tirar água. Jesus lhe diz: "Dá-me de beber". Os discípulos tinham ido à cidade comprar provisões.

Responde-lhe a mulher samaritana: "Como é que tu, judeu, pedes de beber a mim, que sou samaritana?" Pois os judeus não se dão com os samaritanos. Em resposta Jesus lhe disse: "Se conhecesses o dom de Deus e quem é que te diz 'dá-me de beber', certamente lhe pedirias tu própria e ele te daria água viva". Disse a mulher: "Senhor, não tens com que tirar água e o poço é fundo, donde tens pois essa água viva? Porventura és maior que nosso pai Jacó que nos deu o poço do qual bebeu ele, os filhos e os rebanhos?" Respondeu-lhe Jesus dizendo: "Quem bebe dessa água tornará a ter sede, mas quem beber da água que eu lhe der jamais terá sede. A água que eu lhe der será nele uma fonte que jorra para a vida eterna".

318. Ou:

Nm 20,2-11 *"E jorrou água em abundância".*

Faltou água para a multidão no deserto...

Is 55,1-11 *"Oh! vós todos que tendes sede vinde às águas..."*

Todos vós que tendes sede...

Eclo 17,1-6 *"Deu aos homens poder sobre tudo o que está sobre a terra..."*

O Senhor criou o homem da terra...

319. Se for oportuno, pode-se recitar ou cantar um salmo responsorial ou outro canto apropriado.

Sl 17(18), 12-13.14-15.16-17 e 20

R/. (3b) Ó meu Deus, sois meu escudo e proteção: em vós espero!

Sl 28(29), 1-2.3-4.7-9.10-11

℟. (2) Dai-lhe a glória devida ao seu Nome!

Sl 148, 1-2.3-4.5-6

℟. (13c) A majestade e esplendor de sua glória ultrapassaram em grandeza o céu e a terra.

320. Se for oportuno, o ministro dirige algumas palavras aos presentes, explicando a leitura bíblica, para fazê-los entender, pela fé, o sentido da celebração.

Preces

321. Se for oportuno, antes da oração da bênção, pode-se rezar a prece comum. Dentre as invocações propostas, o ministro poderá escolher as que julgar mais apropriadas, ou acrescentar outras condizentes com as circunstâncias particulares.

Nós devemos reconhecer nas invenções e realizações que são produto da inteligência humana, a operação permanente do Deus criador. É, pois, dever da justiça e eqüidade elevar a Deus, de coração agradecido, os nossos louvores e invocá-lo com confiança, dizendo:

℟. Confirmai, Senhor, a obra de nossas mãos.

Ó Deus eterno, criastes todos os bens da terra
e colocastes o homem como senhor sobre eles;
— fazei-nos usar com sabedoria as forças da natureza
para a vossa glória
e para a utilidade dos homens. ℟.

Vós dais ao homem continuamente o vosso Espírito;

— fazei-nos cooperar com o mesmo Espírito
na renovação da face da terra,
não só mediante a técnica, mas mediante a justiça e a
caridade. *R/.*

Vós conheceis os corações de todos;
— fazei que os homens manipulem com retidão
o que a sua inteligência produz. *R/.*

Vós quisestes ser por todos chamado de Pai;
— fazei que todos aqueles que ainda sofrem injustiça e
discriminação
possam ter acesso, com a ajuda dos irmãos,
aos bens e aos direitos comuns. *R/.*

Segue-se a oração da bênção, como mais adiante.

322. Quando não se rezam as preces, antes da oração da bênção o ministro diz:

Oremos.

E, se for oportuno, todos oram em silêncio por algum tempo. Então, ele profere a oração da bênção.

Oração da bênção

323. O ministro, de mãos juntas, reza a oração da bênção:

a) Bênção de um instrumento técnico qualquer

Bendito sois, Senhor nosso Deus, e sois digno de louvor,
porque, com a inteligência e o trabalho dos homens,
ofereceis a toda criatura os meios para aperfeiçoar-se,

e também, com suas invenções e descobertas,
revelais admiravelmente a vossa grandeza e bondade;
concedei que todos quantos
desejam recorrer a esses inventos
em seu proveito pessoal e para seu progresso,
possam glorificar-vos em vossas obras,
e esforçar-se para vos servir com alegria em suas vidas.
Por Cristo, nosso Senhor.

R/. Amém.

b) Bênção de uma central de energia

Senhor, Deus todo-poderoso,
criador da luz, fonte e origem de todo homem,
olhai pelos vossos filhos que operam estas instalações
para produção da energia elétrica (atômica);
concedei que saibam sempre buscar a vossa face
e possam encontrar em vós,
para além das trevas do mundo,
a grande luz que não se extingue,
e em que vivemos, nos movemos e somos.
Por Cristo, nosso Senhor.

R/. Amém.

c) Bênção de uma adutora d'água

Bendito sois, Senhor nosso Deus, e sois digno de louvor,
porque, com a inteligência e o trabalho dos homens,
ofereceis a toda criatura os meios para aperfeiçoar-se,
e também, com suas invenções e descobertas,
revelais admiravelmente a vossa grandeza e bondade;
concedei que todos quantos vierem, em sua necessidade,
abastecer-se da água aqui fornecida,
reconheçam em vós a fonte d'água viva,

donde haurir aquela que jorra para a vida eterna.
Por Cristo, nosso Senhor.

R/. Amém.

324. Depois da oração da bênção, faz-se entrar em funcionamento o aparato técnico. Conforme a oportunidade, pode-se entoar um canto.

325. O ministro, invocando a bênção de Deus e fazendo em si o sinal-da-cruz, diz:

Deus, de quem procedem todos os bens,
lance o seu olhar sobre nós
e nos dirija no caminho da paz.

R/. Amém.

326. É louvável completar o rito com um canto apropriado.

CAPÍTULO VIII

BÊNÇÃO DE INSTRUMENTOS DE TRABALHO

Introdução

327. Podem-se, oportunamente, benzer instrumentos de qualquer espécie, e até mesmo os de grande porte, que os homens usam para trabalhar, como, por exemplo, máquinas automotrizes, barcos de pesca e semelhantes. As pessoas, com isso, são solicitadas a reconhecer que pelo próprio trabalho, podem estar unidas aos irmãos e servi-los, podem manifestar uma caridade autêntica, e associar-se à obra de aperfeiçoamento da criação divina. A bênção poderá ser realizada em circunstâncias particulares, por exemplo, na celebração de São José Operário ou de um santo padroeiro ou de uma convenção de trabalhadores, quando eles próprios se reúnem trazendo instrumentos do seu trabalho.

328. Como esta celebração não visa propriamente os instrumentos, mas antes os homens que com eles trabalham, requer-se a presença dos próprios trabalhadores ou, ao menos, de alguns representantes.

329. Este rito pode ser usado por sacerdote ou por diácono, ou mesmo por leigo.

330. Conservando sempre a estrutura e os elementos principais deste rito, podem-se escolher alguns deles para adaptar a celebração às circunstâncias de lugar e de pessoas.

331. Quando se trata de benzer um ou outro de tais instrumentos, pode-se usar o rito breve, que se propõe nos nn. 346-348.

I. RITO DA BÊNÇÃO

Ritos iniciais

332. Reunida a comunidade, pode-se executar um canto apropriado, ao fim do qual, o ministro diz:

Em nome do Pai e do Filho e do Espírito Santo.

Todos fazem o sinal-da-cruz e respondem:

Amém.

333. O ministro saúda os presentes, dizendo:

Louvemos com devoção
a Cristo, Filho de Deus,
que se dignou ser considerado filho de operário.

Todos respondem:

Amém.

334. O ministro prepara os presentes para receberem a bênção com estas palavras ou outras semelhantes:

Deus ordenou ao homem que tomasse posse da terra e a submetesse, até o dia em que se estabelecessem novos céus e uma terra nova, conforme a palavra do apóstolo: "Tudo é vosso; mas vós sois de Cristo, e Cristo é de Deus" (1Cor 3,23). Mas, para conseguir esse fim, o próprio homem usa instrumentos adequados, com os quais, de certo modo, coopera para o bem da redenção e dela participa. Vamos, portanto, bendizer a Deus, de todo coração, por esta admirável disposição das coisas, e rogar a ele para que proteja e sustente com o seu auxílio o homem no trabalho.

Leitura da Palavra de Deus

335. O leitor, um dos presentes ou o próprio ministro lê um texto das Sagradas Escrituras:

1Ts 4,9.10b-12 *"Trabalhando com vossas próprias mãos".*

Irmãos, vamos ouvir as palavras de São Paulo aos tessalonicenses.
    No tocante à caridade fraterna, não temos necessidade de vos escrever, porquanto vós mesmos aprendestes de Deus a vos amar uns aos outros. Mas ainda rogamos, irmãos, que vos aperfeiçoeis cada vez mais. Procurai viver com serenidade, ocupando-vos de vossas próprias coisas e trabalhando com vossas mãos, como recomendamos. É assim que vivereis honradamente aos olhos dos estranhos e não precisareis da ajuda de ninguém.

336. Ou:

Ex 35,30-36,1 *"O Senhor havia neles depositado sabedoria e habilidade para executar com perícia toda espécie de trabalho".*

Moisés disse aos filhos de Israel: "Vede, o Senhor chamou...

Jó 28,1-28 *"O ferro extrai-se da terra, ao fundir-se a pedra, sai o bronze".*

A prata tem suas minas...

Pr 31,10-31 *"Lança as mãos ao fuso, e os dedos pegam a roca"*.

Quem encontra a mulher talentosa...

Eclo 38,25-39 *"Cada um é hábil na sua profissão"*.

A sabedoria do escriba...

Is 28,23-29 *"Porventura o lavrador passa o tempo a arar para a semeadura?"*

Isto diz o Senhor, Deus dos Exércitos: "Prestai atenção...

At 18,1-5 *"Paulo exercia a profissão de fabricante de tendas e trabalhava"*.

Depois disso, Paulo partiu de Atenas e foi a Corinto...

Mt 13,1-9 *"Eis que o semeador saiu a semear"*.

Naquele dia, saindo Jesus de casa...

Lc 5,3-11 *"Porque mandas, lançarei as redes"*.

Naquele tempo, subindo Jesus num dos barcos...

337. Se for oportuno, pode-se recitar ou cantar um salmo responsorial ou outro canto apropriado.

Sl 64(65), 10.11-12.13-14

R/. (6) Vossa bondade nos responde com prodígios, nosso Deus e Salvador!

Sl 89(90), 2.3-4.12-13.14 e 16

R/. (17c) Fazei dar frutos o labor de nossas mãos!

Sl 106(107), 35-36.37-38.41-42

R/. (1b) Dai graças ao Senhor, porque ele é bom.

Sl 126(127), 1-2

R/. (cf. 1) Que o Senhor nos construa a casa e guarde a cidade.

338. Se for oportuno, o ministro dirige algumas palavras aos presentes, explicando a leitura bíblica, para levá-los a entender, pela fé, o sentido da celebração.

Preces

339. Se for oportuno, antes da oração da bênção, pode-se fazer a prece comum. Dentre as invocações propostas, o ministro poderá escolher as que parecerem mais apropriadas, ou acrescentar outras condizentes com as circunstâncias particulares.

Deus, que colocou o homem no mundo para nele trabalhar e dele cuidar, convida, continuamente, as pessoas, a cooperarem para o progresso da criação através da inteligência e do trabalho. Vamos louvá-lo juntos, e digamos:

R/. Bendito sois, Senhor, criador do universo.

Chamando o homem ao trabalho,
vós lhe confiais o aperfeiçoamento do mundo que criastes.
R/.

Atribuindo ao homem a dignidade do trabalho,
vós o fazeis vosso cooperador no mundo. R/.

Com vossa sabedoria, inspirais o homem
a criar coisas sempre novas,
para que o vosso nome seja glorificado
e a terra inteira ressoe com o vosso louvor. *R/*.

Enviastes ao mundo o vosso Filho,
para que, santificando com o suor do seu rosto, a dignidade do trabalho,
fosse para nós exemplo de atividade incansável. *R/*.

Inspirais os homens, fazendo com que toda obra boa
em vós comece e em vós termine. *R/*.

Segue-se a oração da bênção, como mais adiante.

340. Quando a prece não é rezada, antes da oração da bênção o ministro diz:

Oremos.

E, se for oportuno, todos rezam em silêncio, por algum tempo. Então, profere a oração da bênção.

Oração da bênção

341. O ministro, de mãos juntas, diz a oração da bênção.

Ó Deus, de quem desce a plenitude da bênção
e para quem sobe a oração dos que vos bendizem,
protegei com bondade os vossos filhos
que, fiéis e devotos, apresentam
diante de vós os seus instrumentos de trabalho;
concedei-lhes que, trabalhando com diligência,
colaborem no aperfeiçoamento da criação,
assegurem o seu sustento e o de seus familiares,

e se esforcem por promover o progresso da sociedade
e a glória do vosso nome.
Por Cristo, nosso Senhor.

R/. Amém.

342. Ou:

Ó Deus, que quisestes submeter
as forças da natureza ao trabalho humano,
concedei que,
dedicando-nos aos nossos trabalhos,
saibamos associar generosamente nossa obra
à obra de aperfeiçoamento da vossa criação.
Por Cristo, nosso Senhor.

R/. Amém.

343. Se for oportuno, o ministro asperge água benta sobre os presentes e sobre os instrumentos de trabalho.

Conclusão do rito

344. O ministro conclui o rito, dizendo:

Cristo Senhor,
que, para realizar a salvação,
assumiu o trabalho humano,
nos conforte com a sua consolação
e nos conceda a sua paz.

R/. Amém.

345. É louvável completar o rito com um canto apropriado.

II. RITO BREVE

346. Iniciando a celebração, o ministro diz:

O nosso auxílio está no nome do Senhor.

Todos respondem:

R/. Que fez o céu e a terra.

347. Um dos presentes, ou o próprio ministro, lê um texto da Sagrada Escritura, por exemplo:

Eclo 38,35.39 *"Todos estes se fiaram de suas mãos e cada um é competente em seu ofício.*
Entretanto, são eles que sustentam a criação deste mundo e sua oração está no exercício de sua arte".

2Ts 3,7-8 *"Pois bem sabeis como deveis imitar-nos. Não vivemos entre vós ociosos em preguiça, nem comemos de graça o pão de ninguém. Trabalhamos com afã e fadiga dia e noite para não vos sermos pesados a nenhum de vós".*

348. Em seguida, o ministro diz, de mãos juntas, a oração da bênção, terminada a qual, se for oportuno, asperge água benta sobre os presentes e os instrumentos de trabalho.

Ó Deus, que quisestes submeter
as forças da natureza ao trabalho humano,
concedei que,
dedicando-nos aos nossos trabalhos,
saibamos associar generosamente nossa obra
à obra de aperfeiçoamento da vossa criação.
Por Cristo, nosso Senhor.

R/. Amém.

CAPÍTULO IX

BÊNÇÃO DE ANIMAIS

Introdução

349. Sabemos que muitos animais, por divina providência do Criador, participam, de certo modo, da vida dos seres humanos, pois prestam-lhes auxílio no trabalho, servem-lhes de alimento e até mesmo de distração. Nada impede que, em certas ocasiões, como, por exemplo, na festa de um santo, se conserve o costume de invocar a bênção de Deus sobre eles.

350. Este rito pode ser usado por sacerdote ou por diácono, ou também, por um leigo.

351. Conservando sempre a estrutura e os elementos principais deste rito, podem-se escolher alguns deles para adaptar a celebração às circunstâncias de lugar e de pessoas.

352. Quando se trata de benzer qualquer animal, ou da bênção de animais por ocasião de outra celebração, pode-se também usar o rito breve, que se acha nos nn. 368-371.

I. RITO DA BÊNÇÃO

Ritos iniciais

353. Reunida a comunidade, pode-se executar um canto apropriado, ao fim do qual, o ministro diz:

Em nome do Pai e do Filho e do Espírito Santo.

Todos fazem o sinal-da-cruz, e respondem:

Amém.

354. O ministro, saúda os presentes, dizendo:

Glorifiquemos, de todo coração,
ao Senhor, nosso Deus,
que tudo fez com sabedoria.

Todos respondem:

Amém.

355. O ministro prepara os presentes para receberem a bênção com estas palavras ou outras semelhantes:

Os animais criados por Deus habitam o céu, a terra e o mar, participam das vicissitudes dos homens e estão ligados à sua vida. O próprio Deus, que expande os seus benefícios sobre todos os seres vivos, não raro faz uso da ajuda dos animais, e até mesmo da imagem deles, para, de alguma maneira, significar os dons da salvação. Animais são salvos das águas do dilúvio na arca e, depois do dilúvio, são, de certo modo, associados à aliança feita com Noé (Gn 9,9-10); o cordeiro pascal recorda a imolação pascal e a libertação da escravidão do Egito (Ex 12,3-4); um grande peixe salva Jonas (Jn 2,1-11); corvos alimentam Elias (1Rs 17,6); animais são associados à penitência dos homens (Jn 3,7) e, juntamente com todas as criaturas, participam da redenção do Cristo.

Invocando, portanto, a bênção de Deus (por intercessão de são *N.*), sobre estes animais, louvemos o próprio Criador de todas as coisas, demos graças a ele por nos ter elevado acima de todas as criaturas e peçamos, também, que nos ajude a reconhecer nossa dignidade e a caminhar sempre em sua lei.

Leitura da Palavra de Deus

356. O leitor, um dos presentes ou o próprio ministro, lê um texto das Sagradas Escrituras:

Gn 1,1.20-29 *"Dominai sobre tudo que vive e se move sobre a terra"*.

Irmãos, vamos ouvir as palavras do livro do Gênesis.
No princípio Deus criou o céu e a terra, Deus disse: "Fervilhem as águas de seres vivos e voem pássaros sobre a terra no espaço debaixo do firmamento". Deus criou os grandes monstros e todos os seres vivos, que nadam fervilhando nas águas, segundo as suas espécies, e todas as aves, segundo suas espécies. E Deus viu que era bom. Deus os abençoou, com as palavras: "Sede fecundos e multiplicai-vos e enchei as águas do mar e multipliquem-se as aves sobre a terra". Fez-se tarde e veio a manhã: o quinto dia. Deus disse: "Produza a terra seres vivos segundo suas espécies, animais domésticos, répteis e animais selvagens, segundo suas espécies". E assim se fez. Deus fez todos os animais selvagens segundo suas espécies, os animais domésticos segundo suas espécies e todos os répteis do solo segundo suas espécies. E Deus viu que era bom. Deus disse: "Façamos o homem à nossa imagem e segundo nossa semelhança, para que domine sobre os peixes do mar, as aves do céu, os animais domésticos e todos os animais selvagens e todos os répteis que se arrastam sobre a terra". Deus criou o homem à sua imagem, à imagem de Deus o criou, macho e fêmea ele os criou. E Deus os abençoou e lhes disse: "Sede fecundos e multiplicai-vos, enchei e subjulgai a terra! Dominai sobre os peixes do mar, sobre as aves do céu e sobre tudo que vive e se move sobre a terra".

357. Ou:

Gn 2,19-20a *"O homem deu nome a todos os animais".*

Irmãos, vamos ouvir as palavras do livro do Gênesis.
    Então o Senhor Deus formou da terra todos os animais selvagens e todas as aves do céu, e os trouxe ao homem para ver como os chamaria; cada ser vivo teria o nome que o homem lhe desse. E o homem deu nome a todos os animais domésticos, às aves do céu e a todos os animais selvagens.

358. Ou:

Gn 6,17-23 *"De tudo o que vive farás entrar na arca para os conservares em vida contigo".*

Disse Deus a Noé: "Quanto a mim, vou mandar...

Is 11,6-10 *"Não se fará mal nem destruição em todo o meu santo monte".*

Isto disse o Senhor Deus: "Então o lobo habitará com o cordeiro, e o leopardo se deitará com o cabrito...

359. Conforme a oportunidade, pode-se recitar ou cantar um salmo responsorial ou outro canto apropriado.

Sl 8,2.4-5.7b-9

R/. (10) Ó Senhor, nosso Deus, como é grande vosso nome por todo o universo!

Sl 103(104), 1-2a.10-12.25.27-28

R/. (27) Todos eles, ó Senhor, de vós esperam
que a seu tempo vós lhes deis o alimento.

Sl 146(147), 5-6.7-8.9-11

R/. (1a) Louvai o Senhor Deus, porque ele é bom, cantai ao nosso Deus.

360. Se for oportuno, o ministro dirige algumas palavras aos presentes, explicando a leitura bíblica, para levá-los a entender pela fé o sentido da celebração.

Preces

361. Se for oportuno, antes da oração da bênção pode-se rezar a prece comum. Dentre as invocações propostas, o ministro poderá escolher as que julgar mais apropriadas ou acrescentar outras condizentes com as circunstâncias particulares.

Deus criou o homem e o colocou na terra para dominar todos os seres vivos e celebrar a glória do Criador. Vamos, pois, elevar louvores a Deus e digamos:

R/. Quão variadas são as vossas obras, Senhor!

Bendito sois, Senhor, por terdes criado os animais
e os quererdes submetidos a nós,
em auxílio de nosso trabalho. R/.

Bendito sois, Senhor,
por nos terdes dado os animais
em alimento para refazer nossas forças. R/.

Bendito sois, Senhor,
por nos terdes dado a companhia dos animais domésticos
para ajuda e alegria dos vossos filhos. R/.

Bendito sois, Senhor,
por nos terdes indicado as aves do céu, por vós alimentadas,
como sinal da vossa paterna providência,
conforme o testemunho de Jesus. R/.

Bendito sois, Senhor,
por nos terdes oferecido o vosso Filho como Cordeiro
e quererdes que nele nos chamemos
e de fato sejamos filhos vossos. *R/.*

Bendito sois, Senhor,
porque não cessais de atrair-nos ao vosso amor,
até mesmo através de criaturas as mais pequeninas. *R/*

Segue-se, a oração da bênção, como mais adiante.

362. Quando não são ditas as preces, antes da oração da bênção, o ministro diz:

Oremos.

E, se for oportuno, todos rezam em silêncio, por algum tempo. Então, profere a oração da bênção.

Oração da bênção

363. O ministro, de mãos juntas, diz a oração da bênção:

Ó Deus, criador e doador de todos os bens,
que através dos animais
socorreis os homens em suas necessidades e trabalhos,
(por intercessão de são *N.*)
nós vos pedimos,
ensinai-nos a fazer bom uso
de tudo aquilo que condiciona a existência humana.
Por Cristo, nosso Senhor.

R/. Amém.

364. Ou:

Ó Deus, que tudo fizestes com sabedoria
e destes ao homem, criado à vossa semelhança,
o domínio sobre os animais, mediante vossa bênção,
estendei a vossa mão e concedei
que estes animais satisfaçam às nossas necessidades,
enquanto nós, vossos filhos,
ajudados por estes meios materiais,
possamos aspirar, confiantes, aos bens eternos.
Por Cristo, nosso Senhor.

R/. Amém.

365. Se for oportuno, o ministro asperge água benta sobre os presentes e sobre os animais.

Conclusão do rito

366. O ministro conclui o rito, dizendo:

Deus, que criou os animais da terra em auxílio dos homens,
nos proteja e conserve sempre,
com a graça de sua bênção.

R/. Amém.

367. É louvável completar o rito com um canto apropriado.

II. RITO BREVE

368. O ministro inicia a celebração, dizendo:

V/. O nosso auxílio está no nome do Senhor.

Todos respondem:

Que fez o céu e a terra.

369. Um dos presentes ou o próprio ministro lê um texto breve da Sagrada Escritura, por exemplo:

Gn 2,20a *"E o homem deu nome a todos os animais domésticos, às aves do céu e a todos os animais selvagens".*

Sl 8,7-9a *"Senhor, destes ao homem poder sobre tudo.*
Vossas obras aos pés lhe pusestes:
as ovelhas, os bois, os rebanhos,
todo o gado e as feras das matas;
passarinhos e peixes dos mares".

370. Em seguida, o ministro, de mãos juntas, diz a oração da bênção:

Ó Deus, que tudo fizestes com sabedoria
e destes ao homem, criado à vossa semelhança,
o domínio sobre os animais, mediante vossa bênção,
estendei a vossa mão e concedei
que estes animais satisfaçam às nossas necessidades,
enquanto nós, vossos filhos,
ajudados por estes meios materiais
possamos aspirar, confiantes, aos bens eternos.
Por Cristo, nosso Senhor.
R/. Amém.

371. Se for oportuno, o ministro asperge água benta sobre os presentes e sobre os animais.

CAPÍTULO X

BÊNÇÃO DE PLANTAÇÕES, CAMPOS E PASTAGENS

Introdução

372. Com este rito, os fiéis manifestam a Deus a lembrança agradável dos benefícios recebidos, pois ele, com inefável amor, criou o mundo e o entregou aos cuidados dos homens, para que estes, com o trabalho persistente, obtivessem, para os irmãos, todo o necessário ao sustento da vida.

373. Este rito poderá ser usado nas circunstâncias mais apropriadas da vida do campo, de tal modo que, mediante a oração, o trabalho humano seja santificado e a bênção do Senhor acompanhe os ciclos do tempo e as atividades a estes correspondentes.

374. O rito que aqui se oferece, pode ser usado por sacerdote ou por diácono, bem como por leigo.

375. Conservando sempre a estrutura e os elementos principais deste rito, podem-se escolher alguns deles para adaptar a celebração às circunstâncias de lugar e de pessoas.

RITO DA BÊNÇÃO

Ritos iniciais

376. Reunida a comunidade, pode-se executar um canto apropriado, ao fim do qual, o ministro diz:

Em nome do Pai e do Filho e do Espírito Santo.

Todos fazem o sinal-da-cruz e respondem:

Amém.

377. O ministro, saúda os presentes, dizendo:

Juntos, vamos bendizer a Deus,
que nos dá
o orvalho do céu e a fertilidade da terra.

Todos respondem:

Amém.

378. O ministro, então, prepara os presentes para receberem a bênção com estas palavras ou outras semelhantes:

Vamos bendizer a Deus, que com sua onipotência criou a terra e com sua providência a conserva e enriquece. O cultivo da terra, ele o confiou aos homens, a fim de poderem colher os frutos para sustento da vida e garantia da alimentação.

Mas, enquanto damos graças a Deus por sua liberalidade, aprendamos também, seguindo o Evangelho, a procurar primeiramente o reino de Deus e a sua justiça, pois, todas as coisas de que temos necessidades nos serão dadas por acréscimo.

Leitura da Palavra de Deus

379. Em seguida, o leitor, um dos presentes ou o próprio ministro lê um texto das Sagradas Escrituras.

Gn 1,1.11-12.29-31 *"Deus viu tudo quanto havia feito e achou que estava muito bom".*

Irmãos, vamos ouvir as palavras do livro do Gênesis.
No princípio, Deus criou o céu e a terra. Deus disse: "A terra faça brotar vegetação: plantas, que dêem semente, e árvores frutíferas, que dêem fruto sobre a terra, tendo em si a semente de sua espécie". E assim se fez. A terra produziu vegetação: plantas que dão a semente de sua espécie, e árvores que dão fruto com a semente de sua espécie. E Deus viu que era bom. Deus disse: "Eis que vos dou toda erva de semente, que existe sobre toda a face da terra, e toda árvore que produz fruto com semente, para vos servirem de alimento. E a todos os animais da terra, a todas as aves do céu e a todos os seres vivos que rastejam sobre a terra, eu lhes dou todos os vegetais para alimento". E assim se fez. E Deus viu tudo quanto havia feito e achou que estava muito bom.

380. Ou:

Dt 32,10c-14 *"Deus fez um povo sobre as alturas da terra e alimentou-o com produtos do campo".*

Irmãos, vamos ouvir as palavras do livro do Deuteronômio.
Deus cercou de cuidados o seu povo e o ensinou, guardou-o como a menina dos olhos. Qual águia, que desperta a ninhada, voando sobre os filhotes, também ele estendeu suas asas e o apanhou e sobre as penas o carregou. Somente o Senhor o guiava, e nenhum outro Deus estava com ele. Ele o fez galgar as alturas da terra, alimentou-o com os produtos do campo; ele o fez sugar mel dos rochedos e azeite da pedra duríssima. A nata das vacas e o leite das ovelhas, a carne gorda dos cordeiros e carneiros, dos touros de Basã e dos cabritos, com a flor do trigo. Bebeste o sangue da uva, a bebida espumante.

381. Ou:

Mt 6,25-34 *"Aprendei dos lírios do campo, como crescem".*

Dizia Jesus a seus discípulos: "Não vos preocupeis...

Mc 4,26-29 *"A semente germina e cresce, sem que o homem saiba como".*

Dizia Jesus: O Reino de Deus é como...

382. Se for oportuno, pode-se recitar ou cantar um salmo responsorial ou outro canto apropriado.

Sl 64(65), 10.11-12.13-14

R/. (6) Vossa bondade nos responde com prodígios, nosso Deus e Salvador!

Sl 103(104), 1-2a.14-15.24.27-28

R/. (24c) Encheu-se a terra com as vossas criaturas, ó Senhor!

Sl 106(107), 35-36.37-38.41-42

R/. (1b) Dai graças ao Senhor, porque ele é bom!

383. Se for oportuno, o ministro dirige algumas palavras aos presentes, explicando a leitura bíblica, para levá-los a entender, pela fé, o sentido da celebração.

Preces

384. Se for oportuno, antes da oração da bênção, pode-se rezar a prece comum. Dentre as invocações propostas, o ministro poderá escolher as que julgar mais apropriadas ou acrescentar outras, condizentes com as circunstâncias particulares.

O Senhor providentíssimo, Pai de todos os seres humanos, olha com bondade os seus filhos, alimenta-os e sustenta-os, abençoando a terra para que produza os frutos necessários à manutenção de suas vidas. Como filhos, portanto, vamos suplicar-lhe, dizendo:

$R/$. Senhor, escutai a nossa prece!

Por meio do apóstolo Paulo
vós nos chamastes lavoura de Deus;
— fazei-nos estar sempre unidos a vós,
cumprindo em tudo a vossa vontade. $R/$.

Ensinastes que nós somos os sarmentos
da videira, que é Cristo;
— fazei-nos produzir fruto abundante,
permanecendo em vosso Filho. $R/$.

Abençoais a terra
e vos dignais enchê-la de fertilidade;
— fazei, com vossa bênção, que os nossos campos
produzam o alimento
de que necessitamos. $R/$.

Multiplicais o trigo
e, com ele, nos dais o pão nosso de cada dia
e nos presenteais o alimento eucarístico;
— dai-nos abundância de cereais
com o orvalho do céu e a fecundidade da terra. $R/$.

Dais comida às aves do céu
e roupagem aos lírios do campo;
— ensinai-nos a não ter ansiedade
com o que comer ou com o que vestir,
e a procurar primeiro o vosso reino e a vossa justiça. *R/.*

Segue-se a oração da bênção, como mais adiante.

385. Não se rezando as preces, antes da oração da bênção, o ministro diz:

Oremos.

E, se for oportuno, todos oram, em silêncio, algum tempo. Então profere a oração da bênção.

Oração da bênção

386. O ministro, de mãos juntas, profere a oração da bênção.

Nós vos suplicamos, Senhor, Pai santo,
que ordenastes ao homem trabalhar a terra
e preservá-la,
concedei-nos sempre riqueza de safras
e abundância de todo fruto.
Afastai os perigos do mau tempo,
seca, enchente, granizo (geada),
e dignai-vos multiplicar
o produto de todas essas plantações.
Por Cristo, nosso Senhor.

R/. Amém.

387. Ou:

Ó Deus, que desde a origem do mundo
fizestes, em vossa providência,
germinar a terra em verdura
e produzir toda espécie de frutos
e ainda forneceis sementes ao semeador
e dais o pão para comer,
concedei que esta gleba,
enriquecida por vossa generosidade
e cultivada pelas mãos dos homens,
transborde de abundantes frutos,
de tal modo que o vosso povo,
repleto dos bens por vós concedidos,
vos louve agora e sempre.
Por Cristo, nosso Senhor.

R/. Amém.

388. O ministro conclui o rito fazendo o sinal-da-cruz e dizendo:

Deus, fonte de todos os bens
abençoe-nos e fecunde os nossos trabalhos,
para que nos regozijemos com seus dons
e juntos o louvemos para sempre.

R/. Amém.

389. É louvável terminar o rito com um canto apropriado.

CAPÍTULO XI

BÊNÇÃO NA APRESENTAÇÃO DE FRUTOS NOVOS

Introdução

390. É digno de ser conservado o costume de se apresentar em público frutos novos com o fim de se bendizer por eles a Deus. De fato, esse costume não só nos recorda o dever de darmos graças a Deus por todos os benefícios recebidos, mas também preserva uma tradição que vem já do Antigo Testamento.

391. Este rito pode ser usado por sacerdote ou por diácono, bem como por leigo.

392. Conservando sempre a estrutura e os elementos principais do rito, podem-se escolher alguns destes para adaptar a celebração às circunstâncias de lugar e pessoas.

RITO DA BÊNÇÃO

Ritos iniciais

393. Reunida a comunidade, pode-se executar um canto apropriado, findo o qual, o ministro diz:

Em nome do Pai e do Filho e do Espírito Santo.

Todos fazem o sinal-da-cruz e respondem:

Amém.

394. O ministro, saúda os presentes, dizendo:

Louvemos e exaltemos para sempre
o Deus providentíssimo,
que nos dá o alimento tirado da terra.

Todos respondem:

Amém.

395. O ministro prepara os presentes para receberem a bênção com estas palavras ou outras semelhantes:

Para render graças pelos benefícios recebidos de Deus, a santa Igreja oferece principalmente o sacrifício eucarístico; mas os louvores que profere na celebração da Eucaristia, ela os estende também pelas diversas horas do dia, ensinando-nos que devemos permanecer sempre em ação de graças. Vamos, portanto, bendizer a Deus que, mais uma vez, nos concede, com estes frutos novos, os bens da terra. E assim como Abel fez oferendas a Deus com as primícias da terra, assim nós também aprendamos a dividir os dons com nossos irmãos necessitados, para sermos filhos de um Pai, de cujas mãos procedem todos os bens para utilidade de todos.

Leitura da Palavra de Deus

396. O leitor, um dos presentes ou o próprio ministro, lê um texto das Sagradas Escrituras:

At 14,15b-17 *"Deus enche de alimento e alegria os vossos corações".*

Irmãos, vamos ouvir as palavras dos Atos dos Apóstolos.
    O Deus vivo fez o céu, a terra, o mar e tudo que neles há. Ele permitiu nos tempos passados que todas as nações seguissem o seu caminho. Contudo nunca deixou

de dar testemunho de si mesmo, fazendo o bem e dispensando do céu as chuvas e as estações férteis, enchendo de alimento e de alegria os vossos corações.

397. Ou:

Dt 27,1a; 28,1-12b *"Bendito o fruto do teu solo".*

Moisés e os anciãos de Israel ordenaram...

Jl 2,21-24.26-27 *"As eiras estão cheias de trigo".*

Não temas, terra...

1Tm 6,6-11.17-19 *"Aos ricos exorta-os que não coloquem sua esperança na instabilidade da riqueza".*

Caríssimo: A piedade é de fato grande fonte de lucro...

Lc 12,15-21 *"Mesmo na abundância, a vida do homem não é assegurada por seus bens".*

Naquele tempo, disse Jesus: "Precavei-vos cuidadosamente...

398. Se for oportuno, pode-se recitar ou cantar um salmo responsorial ou outro canto apropriado.

Sl 66(67), 2-3.5.7-8

R/. (7) A terra produziu sua colheita;
o Senhor e nosso Deus nos abençoe.

Sl 125(126), 4-5.6

R/. (3) Maravilhas fez conosco o Senhor!

Sl 146(147), 7.8-9.10-11

R/. (5) É grande e onipotente o nosso Deus, seu saber não tem medida nem limites.

399. Se for oportuno, o ministro dirige algumas palavras aos presentes, explicando a leitura bíblica, para levá-los a entender pela fé o sentido da celebração.

Preces

400. Se for oportuno, antes da bênção, pode-se rezar a prece comum. Das invocações propostas, o ministro poderá escolher as que julgar mais apropriadas ou acrescentar outras, condizentes com as circunstâncias particulares.

Pedindo a bênção do Senhor sobre o trabalho de nossas mãos com ação de graças, não nos esqueçamos de que devemos produzir, em nossa vida, frutos de justiça. Supliquemos, portanto, a Deus, dizendo:

R/. Olhai, Senhor, o fruto do nosso trabalho.

Ó Deus de bondade,
que, em vossa providência,
nos destes o alimento proveniente da terra,
— fazei que estes frutos,
colhidos da terra com o suor do nosso rosto,
nos sirvam para o sustento da vida
e para o aumento do vigor do espírito. R/.

Por Jesus Cristo, vosso Filho,
vós nos cumulastes com o fruto da justificação;

— fazei que permaneçamos com ele
para haurir a plenitude de sua vida
e produzir frutos abundantes. *R/.*

Reservastes frutos do trabalho de nossas mãos
para serem sinais do mistério eucarístico;
— fazei que as oferendas, levadas à mesa do vosso Filho
para serem consagradas,
sejam o sustento da vida da Igreja. *R/.*

Por vossa disposição providente,
todos os bens devem ser repartidos com eqüidade
entre os vossos filhos;
— fazei que todos os necessitados
venham a ter vida tranqüila e decente,
vos glorifiquem e louvem para sempre. *R/.*

Segue-se, a oração da bênção, como mais adiante.

401. Quando não se reza a prece comum, antes da oração da bênção o ministro diz:

Oremos.

E, se for oportuno, todos rezam em silêncio por algum tempo. Então, profere a oração da bênção.

Oração da bênção

402. O ministro, de mãos juntas, profere a oração da bênção:

Senhor Deus, criador de todas as coisas,
que não cessais de fazer com que se produza abundância de frutos
com o orvalho do céu e a fertilidade da terra,

nós vos agradecemos pelos frutos colhidos
e pelos dons recebidos de vossa bondade,
e rogamos que os vossos fiéis
saibam louvar sem cessar a vossa misericórdia
e fazer uso dos bens temporais,
tendo constantemente em vista os bens eternos.
Por Cristo, nosso Senhor.

R/. Amém.

403. Ou:

Ó Deus todo-poderoso, nós vos rogamos
que derrameis a vossa bênção
sobre os frutos da terra,
que vos dignais nutrir com elementos do ar e das chuvas;
concedei que o vosso povo saiba sempre agradecer
os favores de vós recebidos,
e que, pela fertilidade do solo,
os que têm fome, cheguem a fartar-se
e os pobres e necessitados dêem glória ao vosso nome.
Por Cristo, nosso Senhor.

R/. Amém.

Conclusão do rito

404. O ministro conclui o rito, dizendo, voltado para os presentes:

Bendigamos ao Pai e ao Filho, com o Espírito Santo,
louvemo-lo e exaltemo-lo para sempre.

R/. Amém.

405. É louvável completar o rito com um canto apropriado.

CAPÍTULO XII

BÊNÇÃO DA MESA

Introdução

406. O cristão, quer esteja sozinho, quer em companhia de outros irmãos, costuma, antes e depois das refeições, dar graças à providência de Deus pelo alimento que todo dia recebe da bondade divina. É de lembrar-se de que, além disso, o Senhor Jesus uniu o sacramento da Eucaristia ao rito de uma refeição e de que se manifestou aos discípulos, ressuscitado, ao repartir o pão.

407. O fiel cristão, ao fazer suas refeições, reconhecendo no alimento, que recebe, um sinal da bênção de Deus, não deve esquecer as pessoas, que não dispõem da mesma comida, talvez abundante em sua mesa. Por isso, a sua sobriedade é uma forma de socorrer, no que for possível, a necessidade delas; antes, poderá convidá-las, vez por outra, à sua mesa, em sinal de fraternidade, conforme as palavras de Cristo no Evangelho (cf. Lc 14,13-14).

408. Os modelos, textos e fórmulas, aqui propostos, não são mais do que subsídios, que as famílias e as comunidades, de qualquer tipo, podem usar. Será, porém, conveniente que, especialmente em certos dias, ou tempos litúrgicos, se atribua a esta bênção um caráter mais penitencial ou festivo.

PRIMEIRO MODELO

Antes do almoço

409. O que preside diz:

Em nome do Pai e do Filho e do Espírito Santo.

Todos fazem o sinal-da-cruz e respondem:

Amém.

Em seguida:

V/. Os seres vivos, ó Senhor, de vós esperam que a seu tempo vós lhes deis o alimento.

R/. Vós lhes dais o que comer e eles recolhem, vós abris a vossa mão e eles se fartam.

V/. Invoquemos o Pai, que sempre se preocupa com seus filhos.

R/. Pai nosso que estais nos céus... livrai-nos do mal. Vosso é o reino, o poder, e a glória para sempre. Amém.

Ao fim, o que preside, fazendo o sinal-da-cruz em si e sobre os dons, se sacerdote ou diácono, dirá:

V/. Abençoai, † Senhor, a nós e a estes dons, que de vossa bondade recebemos. Por Cristo, nosso Senhor.

R/. Amém.

Depois do almoço

410.

V/. Que vossas obras, ó Senhor, vos glorifiquem.

R/. E os vossos santos com louvores vos bendigam!

V/. Nós vos damos graças, ó Deus todo-poderoso,
por todos os vossos benefícios.
Vós, que viveis e reinais para sempre.

R/. Amém.

V/. Dignai-vos, Senhor, recompensar
com a vida eterna
a todos os que nos fazem o bem,
por causa do vosso nome.

R/. Amém.

Ou:

V/. Dignai-vos, Senhor, restaurar as forças
de todos os homens com o alimento necessário,
para que convosco vos dêem graças.

R/. Amém.

Antes da ceia

411. O que preside diz:

Em nome do Pai e do Filho e do Espírito Santo.

Todos fazem o sinal-da-cruz e respondem:

Amém.

Em seguida:

V/. Vossos pobres vão comer e saciar-se,
e os que procuram o Senhor, o louvarão.

R/. Seus corações tenham a vida para sempre!

V/. Invoquemos o Senhor,
que nos dá o pão de cada dia:

R/. Pai nosso que estais nos céus... Vosso é o reino, o poder e a glória para sempre. Amém.

V/. Protegei-nos, Senhor, nosso Deus,
e prestai o auxílio necessário à nossa fraqueza.
Por Cristo, nosso Senhor.

R/. Amém.

Depois da ceia

412.

V/. O Senhor bom e clemente nos deixou
a lembrança de suas grandes maravilhas.

R/. Ele dá o alimento aos que o temem.

V/. Fomos saciados, Senhor, com os vossos dons; cobri-los também com a vossa misericórdia. Vós que viveis e reinais para sempre.

R/. Amém.

Ou:

V/. Bendito é Deus em todos os seus dons,
e santo em todas as suas obras.
Ele que vive e reina para sempre.

R/. Amém.

V/. Dignai-vos, Senhor, recompensar
com a vida eterna
a todos os que nos fazem o bem
por causa do vosso nome.

R/. Amém.

Ou:

V/. Dignai-vos, Senhor, restaurar as forças
de todos os homens com o alimento necessário,
para que conosco vos dêem graças.

R/. Amém.

413. O modo, acima indicado, de abençoar a mesa e agradecer seja mantido em qualquer tempo, exceto nos dias adiante indicados, quando apenas variam os versículos.

Tempo do Advento

Antes da refeição

V/. Ó Pastor de Israel, prestai ouvidos.

R/. Despertai vosso poder e vinde logo.

Depois da refeição

V/. Na justiça e piedade vivamos.

R/. Aguardando a bendita esperança
e a vinda do Cristo Senhor.

Tempo do Natal

Antes da refeição

V/. O Verbo se fez carne, aleluia.

R/. E habitou entre nós, aleluia.

Depois da refeição

V/. O Senhor fez conhecer, aleluia.

R/. A sua salvação, aleluia.

Tempo de Quaresma

Antes da refeição

V/. O homem não vive somente de pão.

R/. Mas de toda a palavra da boca de Deus.

Depois da refeição

V/. Eis o tempo de conversão!

R/. Eis o dia da salvação!

Quinta-feira, Sexta-feira e Sábado da Semana Santa

Antes e depois da refeição

V/. Jesus Cristo se humilhou e se fez obediente.

R/. Obediente até a morte, e morte numa cruz.

Semana pascal

Antes e depois da refeição

V/. Este é o dia que o Senhor fez para nós. Aleluia!

R/. Alegremo-nos e nele exultemos. Aleluia!

Tempo pascal

Antes da refeição

V/. Os que aceitavam a fé, tomavam alimento com alegria e simplicidade de coração, aleluia.

R/. Juntos, louvando a Deus, aleluia.

Depois da refeição

V/. Ao partir o pão com eles, aleluia.

R/. Reconheceram a Jesus, aleluia.

SEGUNDO MODELO

Tempo do Advento

Antes da refeição

414. O que preside a mesa, diz:

Em nome do Pai e do Filho e do Espírito Santo.

Todos fazem o sinal-da-cruz e respondem:

Amém.

415. Um dos presentes faz a leitura breve:

Irmãos, vamos ouvir as palavras do profeta Isaías 58,10.11a.

Se deres ao faminto do teu sustento e saciares o estômago das pessoas aflitas, então brilhará tua luz nas trevas e tua escuridão se transformará em pleno meio-dia. O Senhor te guiará continuamente e nas regiões áridas te saciará.

416. Ou:

Irmãos, vamos ouvir as palavras dos Atos dos Apóstolos 2,44-47a.

E todos que tinham fé viviam unidos, tendo todos os bens em comum. Vendiam as propriedades e os bens e dividiam com todos, segundo a necessidade de cada um. Todos os dias se reuniam unânimes no templo. Partiam o pão nas casas e comiam com alegria e simplicidade de coração louvando a Deus entre a simpatia de todo o povo.

417. Ou:

Irmãos, vamos ouvir as palavras do apóstolo Paulo aos coríntios 9,8-10.

E poderoso é Deus para vos cumular de todo gênero de bens, a fim de que, tendo sempre e em tudo o necessário, ainda vos sobre muito para toda sorte de boas obras, segundo está escrito: Repartiu largamente, deu aos pobres; a sua justiça permanecerá para sempre. Quem dá ao semeador a semente e o pão para comer, vos dará ricas plantações e multiplicará os frutos de vossa justiça.

418. Ou:

Irmãos, vamos ouvir as palavras do apóstolo Paulo aos efésios 5,19-20.

Recitai entre vós salmos, hinos e cânticos espirituais. Cantai e salmodiai ao Senhor em vossos corações. Dai sempre graças por todas as coisas a Deus Pai em nome de nosso Senhor Jesus Cristo.

419. Ou:

Irmãos, vamos ouvir as palavras de São Paulo aos tessalonicenses 5,16-18.

Vivei sempre alegres. Em todas as circunstâncias dai graças porque esta é a vontade de Deus em Jesus Cristo.

420. Ou:

Irmãos, vamos ouvir as palavras da carta aos hebreus 13,1-2.

Perseverai no amor fraterno! Não vos esqueçais da hospitalidade pela qual alguns, sem saber, hospedaram anjos.

421. Ou:

Irmãos, vamos ouvir as palavras do santo Evangelho escrito por Mateus 6,31ab.32b-33.

Não vos preocupeis, dizendo: o que havemos de comer? ou o que havemos de beber? Ora, vosso Pai celeste sabe muito bem que necessitais de tudo isso. Buscai, pois, em primeiro lugar o reino de Deus e sua justiça e todas estas coisas vos serão dadas de quebra.

422. Terminada a leitura, o presidente acrescenta:

Oremos.

Ó Deus, Pai de misericórdia
para dar-nos a vida
quisestes que o vosso Filho assumisse a condição humana;
abençoai estes vossos dons
com que vamos restaurar o corpo,
e consolidai as nossas forças,
enquanto esperamos, vigilantes,
a gloriosa vinda de Cristo.
Por Cristo, nosso Senhor.

R/. Amém.

Depois da refeição

423.

V/. Na justiça e piedade vivamos.

R/. Aguardando a bendita esperança
e a vinda do Cristo Senhor.

O que preside diz:

Oremos.

Nós vos damos graças, ó Deus todo-poderoso,
por nos terdes confortado
com os dons da vossa providência;
concedei que se confirme também o espírito,
enquanto o corpo restaura as forças.
Por Cristo, nosso Senhor.

R/. Amém.

Tempo do Natal

Antes da refeição

424. Tudo se faz como anteriormente, para o Tempo do Advento, exceto o seguinte:

Oremos.

Bendito sois, Senhor Deus,
por terdes correspondido à expectativa dos humildes
com a fecundidade da Virgem Maria;
concedei que a mesma fé com que ela sustentava o Filho a nascer
nos faça, também a nós, reconhecê-lo nos irmãos,
vós que viveis e reinais para sempre.

R/. Amém.

Depois da refeição

425. O presidente diz:

V/. O Verbo se fez carne, aleluia.

R/. E habitou entre nós, aleluia.

Oremos.

Pai santo, cuja Palavra feita carne,
é o Menino que nasceu para nós,
é o Filho que nos foi dado,
concedei que nós também,
entregues ao serviço dos irmãos,
possamos saciar-lhes a alma e o corpo.
Por Cristo, nosso Senhor.

R/. Amém.

Tempo da Quaresma

Antes da refeição

426. Tudo se faz como anteriormente, para o tempo do Advento, exceto o seguinte:

Oremos.

Nós vos damos graças, Senhor,
por nutrir-nos com estes alimentos;
dignai-vos socorrer os necessitados
e reunir-nos, todos,
à mesa feliz do vosso reino.
Por Cristo, nosso Senhor.

R/. Amém.

Depois da refeição

427. O que preside diz:

V/. O homem não vive somente de pão.

R/. Mas de toda palavra da boca de Deus.

Oremos.

Ó Deus, vós nos ensinais
com o jejum quaresmal do vosso Filho
que a vida do homem não se sustenta só de pão,
mas de toda palavra
que sai da vossa boca;
ajudai-nos, pois,
a elevar os nossos corações ao alto
e, confirmados por vossa força,

amar-vos sinceramente nos irmãos.
Por Cristo, nosso Senhor.

R/. Amém.

Quinta-feira, Sexta-feira e Sábado da Semana Santa

Antes da refeição

428. Tudo se faz como anteriormente, para o tempo do Advento, à exceção do seguinte:

Oremos.

(Se sacerdote ou diácono, faz o sinal-da-cruz).

Senhor Jesus Cristo,
que, cumprindo a vontade do Pai
vos fizestes por nós obediente até a morte,
abençoai-nos †
reunidos em família em torno desta mesa,
para que, usufruindo do mesmo alimento espiritual,
que vos sustentou,
saibamos sempre provar a vontade de Deus,
que é boa, benevolente e perfeita.
Vós, que viveis e reinais para sempre.

R/. Amém.

Depois da refeição

429. O que preside, diz:

V/. Jesus Cristo se humilhou e se fez obediente.

R/. Obediente até a morte e morte numa cruz.

Oremos.

Ó Deus, Pai de todos os povos,
olhai com bondade para esta vossa família
e concedei que, assim como sentamos alegres a esta mesa,
também mereçamos um dia, em vosso reino,
participar de uma alegria plena.
Por Cristo, nosso Senhor.

R/. Amém.

Tempo pascal

Antes da refeição

430. Tudo se faz como anteriormente, para o tempo do Advento, à exceção do seguinte:

Oremos.

Nós vos louvamos com alegria,
Senhor Jesus Cristo,
que, ressuscitado dos mortos,
vos manifestastes aos discípulos ao partir o pão;
permanecei em meio a nós, Senhor,
enquanto, agradecidos, tomamos este alimento;
e recebei-nos, comensais, em vosso reino,
assim como vos recebemos, hóspede, nos irmãos.
Vós, que viveis e reinais para sempre.

R/. Amém.

Depois da refeição

431. O presidente diz:

V/. Ao partir o pão com eles, aleluia.

R/. Reconheceram a Jesus, aleluia.

Oremos.

Ó Deus, fonte de vida,
derramai a alegria pascal em nossos corações;
e, assim como nos dais o alimento que vem da terra,
concedei-nos também, permanecer sempre na vida nova,
que Cristo ressuscitado conquistou para nós
e conosco, misericordioso, repartiu.
Vós, que viveis e reinais para sempre.

R/. Amém.

Tempo comum

Antes da refeição

432. Tudo se faz como anteriormente, para o tempo do Advento, à exceção do seguinte:

Oremos.

Senhor, nosso Deus,
que socorreis os vossos filhos com amor paterno;
abençoai a nós e a estes dons,
que de vossa bondade recebemos;
e concedei que todos os povos
possam gozar dos benefícios de vossa providência.
Por Cristo, nosso Senhor.

R/. Amém.

433. Ou:

Senhor Deus, que conservais tudo o que criastes
e não deixais de fornecer
aos vossos filhos o alimento necessário,
nós vos agradecemos por esta mesa fraterna
aonde viemos para alimentar e fortalecer o nosso corpo;
nós vos rogamos que também nossa fé,
alimentada com a vossa palavra,
cresça pela constante procura do vosso reino.
Por Cristo, nosso Senhor.

R/. Amém.

434. Ou:

Ó Deus, amais a vida,
alimentais as aves do céu
e vestis os lírios do campo;
nós vos bendizemos por todas as criaturas
e por este alimento que vamos tomar;
e humildemente vos imploramos, Senhor,
não deixeis, por vossa bondade,
faltar a ninguém o alimento necessário.
Por Cristo, nosso Senhor.

R/. Amém.

435. Ou:

Ó Deus de infinita bondade,
que tornais cada vez mais firme
a união dos vossos filhos ao partir o pão,
abençoai a nós e a estes dons;
concedei que, ao sentar-nos com alegria
a esta mesa comum,
saibamos sempre alimentar a vida fraterna.

Por Cristo, nosso Senhor.

R/. Amém.

Depois da refeição

436. O que preside diz:

V/. Bendirei o Senhor Deus em todo o tempo.

R/. Seu louvor estará sempre em minha boca.

Oremos.

Nós vos agradecemos, Senhor,
doador de todos os bens,
por nos terdes reunido em torno desta mesa;
concedei que, restaurando as forças do corpo,
mereçamos fazer alegremente nossa caminhada terrestre e um dia chegar, felizmente, ao banquete celestial.
Por Cristo, nosso Senhor.

R/. Amém.

437. Ou:

Senhor, que alimentais todo ser vivo,
conservai em vosso amor
todos os que concedeis sentar-se em torno desta mesa;
tornai-nos solícitos para com os nossos irmãos,
para que possamos um dia participar também
da mesa celestial em vosso reino
com aqueles que tomam alimento conosco.
Por Cristo, nosso Senhor.

R/. Amém.

438. Ou:

Nós vos damos graças, Senhor,
por refazerdes nossas forças nesta mesa;
concedei que os efeitos corporais do alimento
sirvam igualmente para o nosso bem-estar espiritual.
Vós que viveis e reinais para sempre.

R/. Amém.

TERCEIRO MODELO

Antes da refeição

439. Reunida a comunidade, o que preside diz:

V/. Bendigamos ao Senhor por seus dons.

R/. Demos graças ao Senhor em todo tempo.

V/. O seu louvor esteja sempre em nossa boca.

R/. Demos graças ao Senhor em todo tempo.

Senhor, de quem procede todo bem,
nós vos louvamos;
abençoai estes alimentos que vamos tomar,
e concedei que, com espírito de verdadeira fraternidade,
sejamos um só em vós
e um só em vós permaneçamos.
Por Cristo, nosso Senhor.

R/. Amém.

Depois da refeição

440.

V/. Bendito seja o nome do Senhor.

R/. Agora e por toda a eternidade!

V/. Glória ao Pai e ao Filho e ao Espírito Santo.

R/. Agora e por toda a eternidade!

Ó Deus, nosso Pai,
nós vos damos graças pelo alimento
que generosamente nos ofereceis,
aqui reunidos em família;
concedei que nós também saibamos levar
espontaneamente aos irmãos
os vossos dons e favores,
e possamos tomar parte no banquete eterno.
Por Cristo, nosso Senhor.

R/. Amém.

QUARTO MODELO

Antes da refeição

441. Todos fazem o sinal-da-cruz, no início, e o que preside diz:

Abençoai Senhor, a nós e a estes dons
que de vossa bondade recebemos.
Por Cristo, nosso Senhor.

R/. Amém.

442. Ou:

Senhor, nosso Deus, protegei-nos
e prestai o auxílio necessário à nossa fraqueza.
Por Cristo, nosso Senhor.

R/. Amém.

443. Ou:

Senhor, restaurem vossos dons as nossas forças
e nos console a vossa graça.
Por Cristo, nosso Senhor.

R/. Amém.

444. Ou:

De vós, Senhor, procedem todos os bens;
abençoai estes alimentos
que recebemos com ânimo agradecido.

R/. Amém.

445. Ou:

Bendito sois, Pai todo-poderoso,
que nos dais o pão de cada dia.
Bendito, o vosso Filho unigênito,
que não cessa de nutrir-nos com sua palavra.
Bendito, o Espírito Santo,
que nos reúne nesta refeição fraterna.

R/. Amém.

Depois da refeição

446. O que preside diz:

Nós vos damos graças, ó Deus onipotente,
por todos os vossos benefícios.
Vós, que viveis e reinais para sempre.

R/. Amém.

447. Ou:

Saciamo-nos, Senhor, com vossos dons;
dignai-vos conceder vossa misericórdia.
Vós, que viveis e reinais para sempre.

R/. Amém.

448. Ou:

Bendito é Deus em todos os seus dons,
e santo, em todas as suas obras.
Que vive e reina para sempre.

R/. Amém.

449. Ou:

Nós vos damos graças, Senhor, Pai santo,
que nos concedestes alimento suficiente
para comer e beber;
concedei também que, um dia,
participando da mesa do vosso reino,
possamos entoar-vos um cântico de louvor para sempre.
Por Cristo, nosso Senhor.

℟. Amém.

450. Ou:

Dignai-vos, Senhor, recompensar
com a vida eterna
a todos os que nos fazem o bem,
por causa do vosso nome.

℟. Amém.

451. Ou:

Dignai-vos, Senhor, restaurar as forças
de todos os homens com o alimento necessário,
para que conosco vos dêem graças.

℟. Amém.

TERCEIRA PARTE

BÊNÇÃOS PARA DIVERSOS FINS

INTRODUÇÃO À TERCEIRA PARTE

452. A vida dos fiéis cristãos cresce de muitas maneiras quando, no Espírito do Senhor e conforme os seus mandamentos, ela multiplica os bens que servem para estimular a comunicação entre os homens e os frutos da natureza e da nossa indústria. Cresce também, quando o Senhor nos abençoa e quando bendizemos ao Senhor[1]; por isso damos graças a Deus e imploramos o seu auxílio, com celebrações e preces apropriadas, para que as coisas que ele nos concedeu sejam utilizadas do modo devido, para a realização do reino de Deus.

Os esquemas que são propostos nesta parte, pelo fato de preverem diferentes ocasiões de oração e de ação de graças, devem ser adaptados com critérios às diferentes circunstâncias.

---

1. Cf. S. AGOSTINHO, Enar. in ps 66,1 PL, 36,802; CCL 39,856.

CAPÍTULO XIII

BÊNÇÃO EM AÇÃO DE GRAÇAS POR BENEFÍCIOS RECEBIDOS

Introdução

453. Os fiéis que desejam prolongar a graça da celebração eucarística para a vida cotidiana, procuram permanecer sempre em ação de graças. Com os seus dons, Deus convida incessantemente as pessoas à ação de graças, mormente quando concede favores especiais aos seus fiéis. Por isso, é justo que estes se reúnam para louvar e bendizer a Deus.

454. O rito que aqui se oferece, pode ser usado por sacerdote ou por diácono ou mesmo por leigo, conforme os ritos e fórmulas para este caso previstos. Faça-se a adaptação de cada parte de acordo com as circunstâncias e as pessoas, conservando-se sempre a estrutura e os elementos principais do rito.

455. É bem apropriado o uso deste rito, não havendo presbítero, onde existe o costume de fazer uma celebração de ação de graças no final do ano.

RITO DA BÊNÇÃO

Ritos iniciais

456. Reunida a comunidade, o ministro diz:

Em nome do Pai e do Filho e do Espírito Santo.

Todos fazem o sinal-da-cruz e respondem:

Amém.

457. O ministro saúda os presentes, dizendo:

Irmãos, bendizei a Deus,
que, sendo rico em misericórdia,
faz maravilhas para o seu povo.

Todos respondem:

Amém.

458. O ministro prepara os presentes para receberem a bênção com estas palavras ou outras semelhantes:

É preciso abrir o nosso coração para a ação de graças a Deus por todas as graças e benefícios que se dignou conceder-nos. São Paulo nos admoesta que, em todas as coisas, a ação de graças deve ser elevada a Deus Pai por Jesus Cristo, pois foi por ele que Deus tudo nos deu. Quando nos tornamos filhos de Deus, transbordaram as riquezas da sua graça, fomos transferidos de uma situação tenebrosa para o reino do seu Filho bem amado. Reconhecendo, portanto, os favores de Deus, nós nos sentimos mais bem preparados para participar da Eucaristia, na qual todos os bens estão compreendidos e para a qual toda ação de graças converge e reflui.

Leitura da Palavra de Deus

459. O leitor, um dos presentes, ou o próprio ministro, lê um texto das Sagradas Escrituras:

Fl 4,4-7 *"Apresentai a Deus vossas necessidades em oração e súplica, acompanhadas de ação de graças".*

Irmãos, vamos ouvir as palavras de São Paulo aos filipenses.

Alegrai-vos sempre no Senhor, repito: alegrai-vos. Vossa bondade seja conhecida de todos os homens. O Senhor está perto. Não vos inquieteis por coisa alguma. Em todas as circunstâncias apresentai a Deus vossas necessidades em oração e súplica acompanhadas de ação de graças. E a paz de Deus, que excede toda inteligência, haverá de guardar os vossos corações e pensamentos em Cristo Jesus.

460. Ou:

1Cor 1,4-9 *"Fostes em Cristo Jesus cumulados de todas as riquezas"*.

Dou incessantemente graças a Deus...

Cl 3,15-17 *"Por ele, dando graças a Deus, o Pai"*.

Reúne em vossos corações...

1Ts 5,12-24 *"Por tudo dai graças, pois esta é a vontade de Deus"*.

Nós vos rogamos...

1Tm 2,1-10 *"Eu recomendo antes de tudo que se façam ações de graças por todos os homens"*.

Eu recomendo, pois, antes de tudo.

Lc 17,11-19 *"Glorificava a Deus em alta voz!"*

Como Jesus se encaminhasse para Jerusalém,...

461. Conforme a oportunidade, pode-se recitar ou cantar um salmo responsorial ou outro canto apropriado.

Sl 46(47), 2-3.5-6.7-8.9-10

R/. (2b) Gritai a Deus aclamações de alegria!

Sl 65(66), 1b-2.8-9.10-11.13-14.16-17.19-20

R/. (cf. 16) Vinde, escutai:
vou contar-vos todo bem que ele me fez!

Sl 117(118), 1-2.5-6.8-9.17-19.26-27.28-29

R/. (1) Dai graças ao Senhor, porque ele é bom!
Eterna é a sua misericórdia!

462. O ministro, se for oportuno, dirige algumas palavras aos presentes, explicando a leitura bíblica, para levá-los a entender, pela fé, o sentido da celebração.

Preces

463. Se for oportuno, segue-se a prece comum. Dentre as invocações propostas, o ministro poderá escolher as que julgar mais apropriadas, ou acrescentar outras, condizentes com as circunstâncias particulares.

Dando graças, louvemos juntos a Deus Pai todo-poderoso, cuja glória os céus demonstram e cuja bondade é enaltecida por todas as criaturas e, agradecidos e reconhecidos, lhe digamos:

R/. Por todos os vossos benefícios, glória a vós, Senhor.

Pai generosíssimo,
que tudo nos destes em Cristo, vosso Filho,
— não nos permitais desistir nunca do vosso louvor. R/.

Com a abundância da vossa misericórdia,
excedeis os méritos e os desejos dos que vos suplicam;
— concedei-nos cantar as vossas maravilhas,
sempre, com a voz e o coração. R/.

Vós nos destes, com liberalidade,
inúmeras provas do vosso amor;
— ajudai-nos a discernir,
acima dos dons recebidos,
o doador que sois vós. R/.

Ensinastes os vossos discípulos
a comunicarem aos outros parte dos seus bens;
— concedei que os vossos irmãos
participem também dos vossos dons,
para que todos tenhamos em comum a alegria. R/.

464. Em lugar da prece comum, pode-se cantar *A vós, ó Deus, Louvamos*; *Obras do Senhor, bendizei o Senhor; A minh'alma engrandece o Senhor* (cf. Apêndice nn. 7-9).

Oração da bênção

465. O ministro, então, de mãos juntas, profere a oração da bênção:

Pai todo-poderoso,
dispensador de todos os bens,
nós vos damos graças
por todos os benefícios recebidos;
atendei também à nossa súplica;
como nos conservastes até hoje incólumes,
guardai-nos sempre sob a vossa proteção.
Por Cristo, nosso Senhor.

R/. Amém.

466. Ou:

Ó Deus, vossa misericórdia é incomensurável,
e infinito o tesouro de vossa bondade;
damos graças à vossa imensa majestade
pelos benefícios que nos concedestes
e vos suplicamos
que não abandoneis os vossos servos,
mas os prepareis para merecer também
a graça dos bens eternos.
Por Cristo, nosso Senhor.

R/. Amém.

467. O ministro, conclui o rito fazendo o sinal-da-cruz em si mesmo, dizendo:

Deus Pai, com o Filho e o Espírito Santo,
que nos tem tratado sempre
com grande misericórdia,
seja bendito para sempre.

R/. Amém.

468. É louvável que o rito termine com um canto apropriado.

CAPÍTULO XIV

BÊNÇÃO PARA VÁRIAS CIRCUNSTÂNCIAS

Introdução

469. Com o fim de santificar, com celebração especial de bênção, até mesmo aquelas situações da vida que não estão explicitamente contidas nos ritos precedentes (por exemplo, a reunião dos membros de uma família, ou grupo, para comemorar determinado evento, ou a coleta de objetos úteis para distribuir aos pobres etc.) propõe-se este rito de celebração que, oferecendo certo número de textos para escolha, torna mais fácil sua adaptação às diversas circunstâncias.

470. Mas o presente rito não pretende derrogar nenhum princípio. Pois não é conveniente realizar bênçãos a qualquer pretexto (por exemplo, a propósito de inauguração de qualquer monumento, de armamentos ou material bélico recém-fabricado, ou em inúmeras outras circunstâncias). Cada celebração deverá sempre passar por justos critérios pastorais, principalmente, se se previr o perigo de estranheza entre os fiéis e outras pessoas.

471. O rito aqui oferecido pode ser usado por sacerdote, por diácono e por leigo. Faça-se a adaptação de cada parte de acordo com a circunstância e as pessoas, conservando-se sempre a estrutura e os elementos principais do rito.

RITO DA BENÇÃO

Ritos iniciais

472. Reunida a comunidade, o ministro diz:

Em nome do Pai e do Filho e do Espírito Santo.

Todos fazem o sinal-da-cruz e respondem:

Amém.

473. O ministro saúda os presentes, dizendo:

Irmãos, bendigamos a Deus,
fonte de todos os bens.

Todos respondem:

Amém.

474. O ministro prepara os presentes para receberem a bênção com estas palavras ou outras semelhantes:

Tudo o que Deus criou e mantém na existência, todos os acontecimentos que ele governa com providência, as obras dos homens quando boas e conduzam ao bem, tudo leva o coração e a voz dos crentes a bendizerem a Deus, origem e fonte de todos os bens. Com esta celebração proclamando nossa fé em que todas as coisas convergem ao bem dos que temem e amam a Deus. Não duvidamos que é necessário sempre e em tudo buscar o auxílio divino, para podermos, em união com a vontade do nosso Pai, fazer tudo para a maior glória de Deus, em Cristo.

Leitura da Palavra de Deus

475. O leitor, um dos presentes ou o próprio ministro, lê um texto das Sagradas Escrituras:

Cl 1,9b-14 *"Dando fruto de toda obra boa".*

Irmãos, vamos ouvir as palavras de São Paulo aos colossenses.

Não cessamos de rezar por vós e pedir a Deus que vos conceda pleno conhecimento de sua vontade, perfeita sabedoria e inteligência espiritual, a fim de vos comportardes de maneira digna do Senhor, procurando agradar-lhe em tudo, dando fruto de toda obra boa e crescendo no conhecimento de Deus, animados de grande energia pelo poder de sua glória para toda a paciência e longanimidade. Com alegria, agradecei a Deus Pai, que vos tornou capazes de participar da herança dos santos no reino da luz. Que nos livrou do poder das trevas e transportou ao reino do seu Filho amado, no qual temos a redenção: a remissão dos pecados.

476. Ou:

Rm 8,24-28 *"O Espírito vem em auxílio de nossa fraqueza".*

Irmãos, vamos ouvir as palavras de São Paulo aos romanos.

Porque em esperança estamos salvos, pois a esperança que se vê já não é esperança. Porque aquilo que alguém vê, como há de esperar? Se esperamos o que não vemos é em paciência que esperamos. Também o Espírito vem em auxílio de nossa fraqueza porque não sabemos pedir o que nos convém. O próprio Espírito é que advoga por nós com gemidos inefáveis, e aquele que esquadrinha os corações sabe qual o desejo do Espírito porque ele intercede pelos santos segundo Deus. Nós sabemos que todas as coisas concorrem para o bem daqueles que amam a Deus, dos que são eleitos segundo seus desígnios.

477. Ou:

1Tm 4,4-5 *"Porque toda criatura de Deus é boa"*.

Irmãos, vamos ouvir as palavras de São Paulo a Timóteo.
 Porque toda criatura de Deus é boa e nada há reprovável, quando se usa com ação de graça. Porque se torna santificado pela palavra de Deus e pela oração.

478. Ou:

Nm 6,22-27 *"Assim abençoareis os filhos de Israel e eu os abençoarei"*.

O Senhor falou a Moisés e disse...

Dt 33,1.13b-16a *"A bênção de Moisés"*.

Esta é a bênção... *13* Sua terra é bendita... *16*, até... e do seu conteúdo.

Sb 13,1-7 *"A grandeza e a beleza das criaturas fazem contemplar seu autor"*.

Naturalmente vãos eram todos os homens...

Eclo 18,1-9 *"A ninguém foi dado anunciar as obras de Deus"*.

Aquele que vive eternamente criou todas as coisas juntas.

479. Se for oportuno, pode-se recitar ou cantar um salmo responsorial ou outro canto apropriado:

Sl 104(105), 1-2.3-4.5 e 7.8-9

R/. (43) Fez sair com grande júbilo o seu povo.

Sl 105(106), 2-3.4-5.45-46.47.48

R/. (1) Dai graças ao Senhor, porque ele é bom,
porque eterna é a sua misericórdia.

Sl 106(107), 2-3.8-9.31-32.42-43

R/. (6) Eles gritavam ao Senhor na aflição,
e ele os libertou daquela angústia.

480. O ministro, se for oportuno, dirige algumas palavras aos presentes, explicando a leitura bíblica, para levá-los a entender, pela fé, o sentido da celebração.

Preces

481. Se for oportuno, antes da oração da bênção, pode-se fazer a prece comum. Dentre as invocações propostas, o ministro poderá escolher as que julgar mais apropriadas ou acrescentar outras, condizentes com as circunstâncias particulares.

Deus ama e conserva todas as coisas que criou, e a todas abençoa. Peçamos humildemente que nos dê agora a sua bênção, nos sustente e nos faça reviver com a sua consolação, e lhe digamos:

R/. Esteja a vossa bênção sobre nós, Senhor.

Ó Deus eterno, que concedeis o sentido superior da vida
a quem de coração se une à vossa vontade;
— dignai-vos encher-nos
do espírito da vossa santidade. R/.

Desejais que os vossos dons, multiplicados,
sejam oferecidos a vós e aos irmãos;
— recebei a oferenda do vosso serviço e do nosso amor. R/.

Olhai sempre para nós, com olhos de bondade;
— ouvi, Senhor, a voz dos que em vós esperam! R/.

Enviastes ao mundo o vosso Filho,
para trazer-nos a vossa bênção,
extirpando a maldição do pecado;
— dignai-vos cumular-nos de toda bênção celeste,
por seu intermédio. R/.

Infundistes em nossos corações
o Espírito do vosso Filho
para podermos clamar a vós: Abba, Pai!
— atendei os filhos reconhecidos,
que exaltam a bondade do Pai. R/.

Com a morte e a ressurreição do vosso Filho
escolhestes a nós como povo e herança vossa;
— lembrai-vos de nós em nossas necessidades
e abençoai a vossa herança. R/.

O celebrante profere a oração da bênção, como mais adiante.

482. Quando não são rezadas as preces, antes da oração da bênção, o celebrante diz:

Oremos.

E todos oram em silêncio por algum tempo. Em seguida, o ministro faz a oração da bênção.

Oração da bênção

483. O ministro, de mãos juntas, diz:

a) Para coisas criadas

Bendito sejais, ó Deus, criador do universo,
que fizestes tudo o que há de bom
e entregastes a terra ao homem para cultivá-la,
concedei-nos usar as coisas por nós criadas
sempre com ação de graças,
e repartir com os necessitados
o que, afinal, é vosso dom,
no amor de Cristo, nosso Senhor.
Que vive e reina para sempre.

R/. Amém.

484. Ou:

Nós vos bendizemos, Senhor, Pai santo,
porque por vossa palavra e poder tudo foi feito
e como dons vossos recebemos
tudo o que é indispensável à vida;
concedei que os vossos fiéis,
obedecendo à vossa vontade,
sempre se utilizem destas criaturas,
em ação de graças.
Por Cristo, nosso Senhor.

R/. Amém.

485. Ou:

Ó Deus todo-poderoso,
que, ao criardes o homem,

convenientemente ornado com os benefícios desta vida,
decidistes elevá-lo aos dons eternos,
assisti aos que vos suplicam e concedei que,
servindo-nos do benefício das coisas presentes,
nos contentemos com o suficiente
e nos tornemos herdeiros da vossa promessa.
Por Cristo, nosso Senhor.

R/. Amém.

486. *b) Para coisas manufaturadas*

Ó Deus eterno e todo-poderoso,
que submetestes aos homens o mundo criado,
para que uns aos outros prestem os obséquios da caridade,
ouvi, com bondade, as preces
com que imploramos a vossa bênção
sobre quantos usarem destas coisas por necessidade,
para que eles reconheçam sempre em vós o sumo bem
e tenham aos seus irmãos amor sincero.
Por Cristo, nosso Senhor.

R/. Amém.

487. *c) Para circunstâncias particulares da vida*

Senhor Deus, enriquecei os vossos filhos
com a abundância da vossa misericórdia,
para que eles, confirmados com a vossa bênção,
estejam sempre prontos para dar-vos graças
e bendizer-vos em perpétua exultação.
Por Cristo, nosso Senhor.

R/. Amém.

488. Ou:

Senhor, desça sobre os vossos fiéis
o efeito da sagrada bênção,
preparando-lhes a mente para a vida espiritual,
a fim de que se fortaleçam com o vosso amor,
para conseguirem a realização dos seus trabalhos.
Por Cristo, nosso Senhor.

R/. Amém.

489. Ou:

Senhor, que a desejada bênção
confirme os vossos fiéis,
para nunca se afastarem de vós
e devotarem constante gratidão ao benfeitor.
Por Cristo, nosso Senhor.

R/. Amém.

490. Ou:

Abençoai, Senhor, o vosso povo,
que espera a graça e a misericórdia;
concedei que ele alcance, por vossa generosidade,
o que deseja, por vossa própria inspiração.
Por Cristo, nosso Senhor.

R/. Amém.

491. Ou:

Senhor, nós vos pedimos
que o vosso povo receba o dom da santa bênção,
para afastar de si todos os males
e alcançar todos os bens, que deseja.
Por Cristo, nosso Senhor.

R/. **Amém.**

492. Se o ministro for leigo, conclui o rito, fazendo sobre si o sinal-da-cruz e dizendo:

Deus, bendito em todas as coisas,
em tudo nos abençoe por Cristo,
para que tudo concorra para o nosso bem.

R/. **Amém.**

493. É louvável que o rito termine com um canto apropriado.

APÊNDICE

ANTÍFONAS E OUTROS CANTOS

1. Antífona

À vossa proteção recorremos,
Santa Mãe de Deus.
Não desprezeis as nossas súplicas em nossas necessidades,
mas livrai-nos sempre de todos os perigos,
ó Virgem gloriosa e bendita.

2. Antífona

Ó Mãe do Redentor, do céu, ó porta,
Ao povo que caiu, socorre e exorta,
Pois busca levantar-se, Virgem pura,
Nascendo o Criador da criatura:
Tem piedade de nós e ouve, suave,
o anjo te saudando com seu Ave!

3. Antífona

Maria, alegra-te,
ó cheio de graça,
o Senhor é contigo,
és bendita entre todas
as mulheres da terra,
e bendito é o fruto
que nasceu do teu ventre.
(Aleluia, aleluia).

4. Antífona

Salve, Rainha, Mãe de Deus,

és Senhora, nossa Mãe,
nossa doçura, nossa luz,
doce Virgem Maria.

> Nós a ti clamamos,
> filhos exilados,
> nós a ti voltamos
> nosso olhar confiante.

Volta para nós, ó Mãe
teu semblante de amor,
dá-nos teu Jesus, ó Mãe,
quando a noite passar.

Salve, Rainha, Mãe de Deus,
és auxílio do cristão,
ó Mãe clemente, Mãe piedosa,
doce Virgem Maria.

Ou:

Salve, Rainha, Mãe de misericórdia,
vida, doçura, esperança nossa, Salve!
    (A vossos pés, Senhora minha,
    peço socorro, salve Rainha!)
A vós bradamos, os degredados filhos de Eva,
a vós suspiramos,
gemendo e chorando neste vale de lágrimas!
Eia!, pois Advogada nossa,
esses vossos olhos misericordiosos a nós volvei,
e depois deste desterro mostrai-nos Jesus,
bendito fruto do vosso ventre!
Ó clemente, ó piedosa,
ó doce sempre Virgem Maria.

5. Hino

Veni, creátor Spíritus,
mentes tuórum visita,
imple supérna grátia,
quae tu creásti, péctora.

> Qui díceris Paráclitus,
> donum Dei altíssimi,
> fons vivus, ignis, cáritas
> et spiritális únctio.

Tu septiformis múnere,
dextrae Dei tu dígitus,
tu rite promíssum Patris
sermóne ditans gúttura.

> Accénde lumen sénsibus,
> infúndem Amórem córdibus,
> infírma nostri córporis
> virtúte firmans pérpeti.

Hostem repéllas lóngius
pacémque dones prótinus;
ductore sic te práevio
vitémus omne nóxium.

> Per te, sciámus da Patrem
> noscámus atque Fílium,
> te utriúsque Spíritum
> credámus omni témpore. (Amen).

Em português:

Ó, vinde, Espírito Criador,
as nossas almas visitai

e enchei os nossos corações
com vossos dons celestiais.

> Vós sois chamado o Intercessor
> do Deus excelso o dom sem par,
> a fonte viva, o fogo, o amor,
> a unção divina e salutar.

Sois doador dos sete dons,
e sois poder na mão do Pai,
por ele prometido a nós,
por nós seus feitos proclamai.

> A nossa mente iluminai,
> os corações enchei de amor,
> nossa fraqueza encorajai,
> qual força eterna e protetor.

Nosso inimigo repeli,
e concedei-nos vossa paz;
se pela graça nos guiais,
o mal deixamos para trás.

> Ao Pai ao Filho Salvador
> por vós possamos conhecer.
> Que procedeis do seu amor
> fazei-nos sempre firmes crer.

6. Antífona

Vinde, Espírito de Deus,
e enchei os corações
dos fiéis com vossos dons!
Acendei neles o amor
como um fogo abrasador!

Vós que unistes tantas gentes,
tantas línguas diferentes
numa fé, na unidade
e na mesma caridade.
(T. P.: Aleluia, aleluia):

7. Hino

A vós, ó Deus, louvamos,
a Vós, Senhor, cantamos.
A vós, Eterno Pai,
adora toda a terra.

> A vós cantam os anjos
> os céus e seus poderes:
> Sois Santo, Santo, Santo,
> Senhor, Deus do universo!

Proclamam céus e terra
a vossa imensa glória.
A vós celebra o coro
glorioso dos Apóstolos.

> Vos louva dos Profetas
> a nobre multidão
> e o luminoso exército
> dos vossos santos Mártires.

A vós por toda a terra
proclama a Santa Igreja,
ó Pai onipotente,
de imensa majestade,

> e adora juntamente
> o vosso Filho único,
> Deus vivo e verdadeiro,
> e ao vosso Santo Espírito.

Ó Cristo, Rei da glória,
do Pai eterno Filho,
nascestes duma Virgem,
a fim de nos salvar.

> Sofrendo Vós a morte,
> da morte triunfastes
> abrindo aos que têm fé
> dos céus o reino eterno.

Sentastes à direita
de Deus, do Pai na glória.
Nós cremos que de novo
vireis como juiz.

> Portanto, vos pedimos:
> salvai os vossos servos,
> que Vós, Senhor, remistes
> com sangue precioso.

Fazei-nos ser contados,
Senhor, vos suplicamos,
em meio a vossos santos
na vossa eterna glória.

(A parte que segue pode ser omitida, se for oportuno).

> Salvai o vosso povo.
> Senhor, abençoai-o.
> Regei-nos e guardai-nos
> até a vida eterna.

Senhor, em cada dia,
fiéis, vos bendizemos,
louvamos vosso nome
agora e pelos séculos.

Dignai-vos, neste dia,
guardar-nos do pecado.
Senhor, tende piedade
de nós, que a Vós clamamos.

Que desça sobre nós,
Senhor, a vossa graça,
porque em Vós pusemos
a nossa confiança.

Fazei que eu, para sempre,
não seja envergonhado:
Em vós, Senhor, confio,
sois vós minha esperança!

8. Antífona e Cântico de Daniel

Ant. Sede bendito no celeste firmamento,
a vós louvor eternamente. (T. P. Aleluia).

— Obras do Senhor, — bendizei o Senhor,*
louvai-o e exaltai-o — pelos séculos sem fim!
— Anjos do Senhor, — bendizei o Senhor!*
Céus do Senhor, — bendizei o Senhor!
— Águas do alto céu, — bendizei o Senhor!*
Potências do Senhor, — bendizei o Senhor!
— Lua e sol, — bendizei o Senhor!*
Astros e estrelas, — bendizei o Senhor!*
— Chuvas e orvalhos, — bendizei o Senhor!*
Brisas e ventos, — bendizei o Senhor!
— Fogo e calor, — bendizei o Senhor!*
Frio e ardor, — bendizei o Senhor!*
— Orvalhos e garoas, — bendizei o Senhor!*
Geada e frio, — bendizei o Senhor!
— Gelos e neves, — bendizei o Senhor!*
Noites e dias, — bendizei o Senhor!

— Luzes e trevas, — bendizei o Senhor!*
Raios e nuvens, — bendizei o Senhor!
— Ilhas e terra, — bendizei o Senhor!*
Louvai-o e exaltai-o — pelos séculos sem fim!
— Montes e colinas, — bendizei o Senhor!*
Plantas da terra, — bendizei o Senhor!
— Fontes e nascentes, — bendizei o Senhor!*
Mares e rios, — bendizei o Senhor!
— Baleias e peixes, — bendizei o Senhor!*
Pássaros do céu, — bendizei o Senhor!
— Feras e rebanhos, — bendizei o Senhor!*
Filhos dos homens, — bendizei o Senhor!
— Filhos de Israel, — bendizei o Senhor!*
Louvai-o e exaltai-o — pelos séculos sem fim!
— Sacerdotes do Senhor, — bendizei o Senhor!*
Servos do Senhor, — bendizei o Senhor!
— Almas dos justos, — bendizei o Senhor!*
Santos e humildes, — bendizei o Senhor!
— Jovens Misael, — Ananias e Azarias, *
louvai-o e exaltai-o — pelos séculos sem fim!
— Ao pai e ao Filho — e ao Espírito Santo*
louvemos e exaltemos — pelos séculos sem fim!
— Bendito sois, Senhor, no firmamento dos céus!*
Sois digno de louvor — e de glória eternamente!

(No fim não se diz: Glória ao Pai)

9. Cântico evangélico — Magnificat: Lc 1,46-55

Ant. A minh'alma engrandece o Senhor,
porque olhou para a minha humildade.

— A minh'alma engrandece o Senhor*
e exulta meu espírito em Deus, meu Salvador;
— porque olhou para a humildade de sua serva,*
doravante as gerações hão de chamar-me de bendita.

— O Poderoso fez em mim maravilhas,*
e Santo é o seu nome!
— Seu amor para sempre se estende*
sobre aqueles que o temem;
— manifesta o poder de seu braço,*
dispersa os soberdos;
— derruba os poderosos de seus tronos,*
e eleva os humildes;
— sacia de bens os famintos,*
despede os ricos sem nada.
— Acolhe Israel, seu servidor,*
fiel ao seu amor,
— como havia prometido a nossos pais,*
em favor de Abraão e de seus filhos para sempre.
— Glória ao Pai e ao Filho — e ao Espírito Santo.*
Como era no princípio, — agora e sempre. Amém.

ÍNDICE ANALÍTICO

Ação de graças no fim do ano, cf. Benefícios recebidos.

Animais, nn. 349-352
Rito da bênção, nn. 353-367
Rito breve, nn. 368-371

Benefícios recebidos, nn. 453-455
Rito da bênção, nn. 456-468

Campos, nn. 372-375
Rito da bênção, nn. 376-389

Casa, cf. Residência nova

Cônjuges, nn. 61-64
Rito da bênção, nn. 65-78
Rito breve, nn. 79-81

Crianças, nn. 82-85
Criança ainda não batizada, nn. 100-101
Rito da bênção, nn. 102-111
Rito breve, nn. 112-114

Crianças batizadas,
Rito da bênção, nn. 86-99

Enfermo:
— Adulto enfermo, nn. 210-213
Rito da bênção, nn. 214-228
Rito breve, nn. 232-234
— Criança enferma, nn. 210-213; 229
Rito da bênção, nn. 214-221; 230-231
Rito breve, nn. 232-234

Família, nn. 40-43
   Rito da bênção, nn. 44-60

Filhos, nn. 115-119
   Rito da bênção, nn. 120-132
   Rito breve, n. 133

Frutos novos, apresentação de, nn. 390-392
   Rito da bênção, nn. 393-405

Idosos, nn. 188-191
   Rito da bênção, nn. 192-204; 205-206
   Rito breve, nn. 207-209

Instrumentos de trabalho, nn. 327-331
   Rito da bênção, nn. 332-345
   Rito breve, nn. 346-348

Instrumentos técnicos especiais, nn. 309-312
   Rito da bênção, nn. 313-326

Locais destinados a viagens, nn. 284-289
   Rito da bênção, nn. 290-303
   Rito breve, nn. 304-308

Mesa, nn. 406-408
   Primeiro modelo, nn. 409-413
   Segundo modelo, nn. 414-438
   Terceiro modelo, nn. 439-440
   Quarto modelo, nn. 441-451

Mulher antes do parto, nn. 152-155
   Rito da bênção, nn. 156-166
   Rito breve, nn. 167-169

Mulher depois do parto, nn. 170-171
   Rito da bênção, nn. 172-184
   Rito breve, nn. 185-187

Noivos, nn. 134-137
   Rito da bênção, nn. 138-151

Parto,
   — Bênção antes do parto, cf. Mulher antes do parto
   — Bênção depois do parto, cf. Mulher depois do parto

Pastagens, nn. 372-375
   Rito da bênção, nn. 376-389

Plantações, nn. 372-375
   Rito da bênção, nn. 376-389

Residência nova, nn. 268-271
   Rito da bênção, nn. 272-283

Reunião de Catequese, nn. 235-238
   Rito da bênção, nn. 239-244

Várias circunstâncias, nn. 469-471
   Rito da bênção, nn. 472-493

Viagem, cf. Viajantes

Viajantes, nn. 245-247
   Rito da bênção, nn. 248-260
   Rito breve, nn. 261-264

SUMÁRIO

5 APRESENTAÇÃO

6 CONGRECAÇÃO PARA O CULTO DIVINO

9 INTRODUÇÃO GERAL

PRIMEIRA PARTE
BENÇÃOS DE PESSOAS

25 Cap. I – Bençãos de Famílias e de seus membros
26 I. Bênção de família
32 II. Bênção de cônjuges
41 II. Bênção de crianças
55 IV. Bênção de filhos
62 V. Bênção de noivos
68 VI. Bênção antes ou depois do parto
81 VII. Bênção de pessoas idosas em casa
90 Cap. II – Bênção de enfermos
101 Cap. III – Bênção de um grupo reunido para a catequese ou oração
106 Cap. IV – Bênção para o início de uma viagem

SEGUNDA PARTE
BENÇÃOS DE EDIFÍFICOS
E DE OUTRAS OBRAS

116 Cap. V – Bênção de nova residência
122 Cap. VI – Bênção de locais e de meios destinados a viagens
134 Cap. VII – Bênção de instrumentos técnicos especiais

142	Cap. VIII – Bênção de instrumentos de trabalho
150	Cap. IX – Bênção de animais
158	Cap. X – Bênção de plantações, campos e pastagens
165	Cap. XI – Bênção na apresentação de frutos novos
171	Cap. XII – Bênção da mesa

TERCEIRA PARTE
BÊNÇÃOS PARA DIVERSOS FINS

194	Cap. XIII – Bênção em ação de graças por benefícios recebidos
200	Cap. XIV – Bênção para várias circunstâncias
210	APÊNDICE: ANTÍFONAS E OUTROS CANTOS
219	ÍNDICE ANALÍTICO

ISBN 978-85-349-0956-3